WORKING WITH FRENCH

Coursebook

Other books for learning languages from Stanley Thornes and Hulton include:

FRENCH

R. Symons, Z. Bowey and F. Donaldson *En direct de la France* (Reading materials from authentic sources)
R. Steele and J. Gaillard *L'Express: Ainsi va la France* (Student's book, cassettes)
J.S. Ravisé *Tableaux culturels de la France*
S. Oudot *Guide to Correspondence in French*
P. Lupson and M. Pélissier *Everyday French Idioms*
S. Oudot *French Verbs and Essentials of Grammar*
M. Nicoulin *The French Verb*

GERMAN

P. Lupson, D. Embleton, E. Eggington *Working with German* (Coursebooks, cassettes)
P. Lupson *Echt Deutsch* (Reading materials from authentic sources)
P. Lupson *Everyday German Idioms*
C.J. James *German Verbs and Essentials of Grammar*

SPANISH

J. Kattán-Ibarra and T. Connell *Working with Spanish* (Course books, teacher's books, cassettes)
T. Connell and J. Kattán-Ibarra *Spanish at Work* (Coursebook, teacher's book, cassette)
J. Kattán-Ibarra and T. Connell *Spain After Franco: Language in Context*
S. Rouve and R. Symons *En directo desde España* (Reading materials from authentic sources)
I.W. Ramboz *Spanish Verbs and Essentials of Grammar*
T. Connell and E. Heusden *The Spanish Verb*
J. Noble and J. Lacasa *Complete Handbook of Spanish Verbs*

ITALIAN

R. Brambilla, A. Crotti et al *Avanti!* (Coursebook, teacher's book, cassettes)
D. Aust and C. Shepherd *Lettere Sigillate*
C. Flynn *Attenzione Prego!* (Book, cassettes for intensive listening)
G. Dekovic *Vita Italiana*
C. Graziano *Italian Verbs and Essentials of Grammar*

WORKING WITH FRENCH

Coursebook

Margaret Mitchell

Chancerel

STANLEY THORNES (PUBLISHERS) LTD

Editor: Picot Cassidy
Language consultant: Anne Andrault   **Designer:** Valerie Sargent
Illustrator: Simon Roulstone   **Cartoons:** Nono

© Chancerel Publishers Ltd. 1986

Published by: Produced by:
Stanley Thornes (Publishers) Ltd   Chancerel Publishers Ltd
Educa House, Old Station Drive   40 Tavistock Street
Leckhampton   London
Cheltenham GL53 0DN   WC2E 7PB
Reprinted 1989
Reprinted 1990

British Library Cataloguing in Publication Data
Mitchell, Margaret
   Working with French.
   Coursebook
   1. French language—Text-books for foreign speakers
   I. Title
   448.2'4   PC2112

ISBN 0-85950-604-5

Monographic origination by DP Press Ltd, Sevenoaks, UK

Printed by Commercial Colour Press, London E7.

Photographs: Cover: IBM France
Air France 87; Beauvais Transit 70; Canadian Pacific 87(2); Jan Chipps 16(2); Food and Wine from France 114; R. Hallmann 9; G. Houlbecque, Elf Aquitaine (cover); IBM 9(2), 122; Alfred Marks 70; D. Prowse 32, 63; J. Schadeburg 9; Simpson's in the Strand 115, 116; D. Simson 11; Swiss Bank Corporation 107; Swiss National Tourist Office 114(2); Thomson-CSF 9, 31, 33, 38.

Acknowledgements:

The publishers would like to thank the following for their help in the production of this book: Aéroport International de Satolas, Lyons, France 132; Alcatel 24, 122, 130, 131; V.A.G. France SA 26; Chanel 19; Electricité de France 50; Elf Aquitaine 19; GET 126; Hachette 19; Hotel Ibis, London 137; IC Informatique Center 20; InterContinental France 18; ITT 129; Knorr 19; L'Air Liquide 52; La Libre Belgique 60; La Redoute 81, 82, 101; L'Express 74, 75; Le Figaro 57, 58, 83, 89, 130; Le Point 29, 40; Tarif Media 60; L'Office National de Tourisme du Sénégal 64, 65; Mairie de Boulogne 126; Meridien 134; Michelin et Cie 26; Etablissements Neu 28; Nouvelles Frontières 19; Office du Tourisme, Val Thorens, France 132; Palais des Congrès de Paris 12, 14; Pariscope 126; Peugeot 19; PTT 123, 124, 125, 127, 128; Proctor and Gamble France 22; Rousselot 25; Rowntree Mackintosh plc 119; Saab-Scania AB 27; Sanofi 72; Simpson's in the Strand 115, 116; Sofitel 134, 135; Sookias and Bertaut Ltd. 98, 99; Storione SA 77; Thomson 31/33; XP Express Parcel Systems 88. *L'oreille en coin* written by Anne Andrault and Picot Cassidy. Dictionary extracts from Collins Robert French Dictionary 56.

Every effort has been made to trace the copyright holders of all illustrations, but the publishers will be pleased to make the necessary arrangements at the first opportunity if there are any omissions.

CONTENTS

HOW TO USE THIS BOOK

About this book

Working with French is aimed at students with some previous knowledge of French who are following a non-'A' level or vocational course in French or who need to use French at work.

The approach in this book is from the point of view of someone working in the UK and dealing with French-speaking countries. The book looks at all aspects of such contacts: dealing with phone calls, correspondence, reports, prices (there is plenty of practice with numbers!), invoices, deliveries, receiving visitors and sales literature. There are chapters on using reference books and carrying out research, on telecommunications and information technology, and on making a trip abroad.

As well as supplying the language needed for these areas, attention is given to coping when things go wrong: what to do if you are on the phone and don't know what to say; how to check you have understood information correctly; how to make excuses!

About the units

There are 12 units which can be studied separately and in any order. Units 3 and 4 deal with telephoning and letter writing and act as a focus for the relevant vocabulary and expressions used in other units.

The type of activities in each unit depends on the language skills which are most useful for the topics covered. Some units contain more conversation, others more reading.

Each unit is divided into five to eight main sections, covering various aspects of the main theme of the unit. For easy reference the main sections are listed at the beginning of each unit.

What's in a unit?

The following elements appear in the units:

Renseignements: Short pieces of reading, messages or information in French, related to the theme of the unit.

Documentation: Longer reading passages in French taken from a wide variety of sources, such as advertising literature, company reports and correspondence.

Dans la presse: Articles taken from French-language newspapers or magazines.

L'oreille en coin: A short fictional serial at the end of the unit which re-uses many words and phrases from the unit.

It is intended that the above four reading texts be studied with the help of a dictionary, if necessary.

Mots indispensables: Vocabulary items related to the theme of the unit, often illustrated with pictures or diagrams.

Expressions indispensables: Useful phrases needed for a specific language function or to provide business terminology.

Conversation: Short dialogues using new vocabulary and phrases to provide examples for role-plays.

Questions de langue: Grammatical points relevant to the theme of the unit. (There is a more detailed grammar summary at the end of the book.)

Points de vue: Starters for group discussions. These relate to themes already developed in the unit and, where necessary, include details on how to prepare ideas for discussion.

C'est compris?: Short message-taking exercises based on taped material.

Entendu?: Longer extracts of taped material for detailed comprehension exercises or writing summaries.

Exercices: A wide range of activities based on written material. Some are for practising new words or phrases, or are preliminary exercises for more complex activities. Others are intended to simulate the kind of task which may be performed at work.

Instructions are given in French as far as possible, except where, in a "real" situation, instructions would be given in English and the individual left to find out the necessary French.

The activities include:
– writing a letter, telex or memo
– summarizing the main points of texts
– extracting information from texts
– giving a verbal/written report based on information supplied
– preparing and giving a talk to the group

Dossier spécial: Longer projects covering material from one or more units. These are to be used with worksheets from the teacher's book or based on research by the student.

Reference sections At the back of the book for quick reference.

Grammar summary A summary of the main grammatical points covered in the ***questions de langue*** sections.

Language functions A list of useful phrases in the book.

Wordlist French-English word list, including specialized vocabulary.

Cassette There is a tape to go with Working with French. The tape contains the ***Conversation*** (scripts in coursebook), ***C'est compris?*** and ***Entendu?*** (scripts in Teachers' Book).

Teachers' Book A Teachers' Book accompanies the coursebook. It contains a unit-by-unit commentary, tape scripts and 31 worksheets.

Use this book to catch up on your business French.

NOTRE SOCIETE VOUS SOUHAITE LA BIENVENUE

1. Bonjour, Monsieur le Président	Greetings, forms of address
2. Votre voyage s'est bien passé?	Welcoming visitors, polite enquiries
3. Je vous présente. . .	Introducing people
4. Le programme de la journée	Explaining arrangements
5. Au fond, à gauche	Giving directions
6. Pour se détendre	Making suggestions about outside activities
7. Je suis désolé	Coping with problems, reassuring people and apologising
Expressions indispensables	– greetings: page 9 – introducing people: page 10 – giving directions: page 13 – suggestions for social activities: page 15
Questions de langue	– talking about the future: page 13

1. Bonjour, Monsieur le Président

RENSEIGNEMENTS

A. *Chaque matin, on se serre la main. Il faut toujours dire Monsieur, Mademoiselle ou Madame.*

B. *Pour les cadres supérieurs on utilise aussi le titre: Monsieur le Président ou Madame la Directrice.*

C. *. . . mais seulement dans l'exercice de leurs fonctions, jamais à l'extérieur!*

D. *On utilise souvent le nom de famille de la personne, quand on se connaît bien.*

E. *Entre amis, on se fait la bise; deux, trois ou quatre fois selon la région.*

F. *Et quand on se connaît vraiment bien, on ne fait pas de manières.*

EXPRESSIONS INDISPENSABLES

Bonjour	Monsieur	le Directeur	Comment
	Madame	la Directrice	allez-vous?
	Mademoiselle	le Président	
		la Présidente	
Salut		mon vieux	Ça va?
		ma vieille	

Exercice 1: *Lisez les renseignements et les expressions indispensables.*

Choisissez la meilleure salutation pour chacune de ces personnes. Ensuite trouvez une autre salutation pour chaque personne. Donnez vos raisons.

Monsieur Jean-Paul Berthon, un collègue que vous connaissez bien.

Madame Anne-Marie Pinault, directrice du service du personnel.

Mademoiselle Sylvie Lemasson, secrétaire d'une directrice.

Monsieur Paul Simon, Président-Directeur Général (P.D.G.).

Madame Mercedes Garcia, service de gestion.

Monsieur Philippe Legrand, Président du Conseil d'Administration.

2. Votre voyage s'est bien passé?

Conversation: 🔊 *Ecoutez la bande.*

Monsieur Dupont: Bonjour, Mademoiselle. Je m'appelle Monsieur Dupont. J'ai rendez-vous avec Madame Jourdain à 11 heures.

Réceptionniste: Bonjour, Monsieur. Je vais appeler Madame Jourdain . . . Elle vient vous chercher. Asseyez-vous, je vous en prie.

M. Dupont: Merci.

Réceptionniste: Votre voyage s'est bien passé?

M. Dupont: Pas trop mal, mais l'avion avait une demi-heure de retard.

M. Dupont: Bonjour, Madame, je suis Henri Dupont.

Madame Jourdain: Ah! Bonjour, Monsieur. Enchantée de faire votre connaissance. Vous avez trouvé nos bureaux sans trop de difficulté?

M. Dupont: Sans problème.

Mme Jourdain: Donnez-moi votre manteau. Asseyez-vous. Vous voulez prendre un café?

M. Dupont: Oui, je veux bien. Merci.

Entendu? 🔊 *Ecoutez la bande.*

M. Simon a fait un voyage d'affaires en Belgique. Il en parle à ses collègues.

Jeu de rôle: *Avec un(e) partenaire.*

M. Michel arrive avec une heure de retard après un voyage épouvantable. Imaginez sa conversation avec Mlle Allard, secrétaire à la réception.

3. Je vous présente . . .
EXPRESSIONS INDISPENSABLES

Vous connaissez M. Loubet? → Bien sûr. → Très heureux de vous revoir.

Permettez-moi de vous présenter ma femme. → Bonjour, Madame. → Très heureuse de faire votre connaissance.

Conversation: 🔲 Ecoutez la bande.

Mme Daudet:	Vous connaissez M. Loubet?
M. Johnson:	Bien sûr.
M. Loubet:	Très heureux de vous revoir. Vous êtes toujours à Montréal?
M. Johnson:	Non, j'ai été promu et je travaille à Toronto depuis quelques mois.
M. Loubet:	Félicitations. Il faut que vous me racontiez tout ça. On se retrouve à midi? On mangera ensemble. Je vous paierai un pot.
M. Ford:	Permettez-moi de vous présenter ma femme.
Mme Ford:	Très heureuse de faire votre connaissance.
M. Dufour:	Paul m'a beaucoup parlé de vous. Il faut que je vous présente à ma femme. Elle est ici pour la conférence. Vous dînerez bien avec nous?
Mme Ford:	Avec plaisir.

Exercice 2:   *Regardez les photos.*

– *Marie-Pierre Brison (ci-dessous)*
– *célibataire*
– *20 ans*
– *étudiante en droit*
– *habite Bruxelles*
– *aime la natation*
– *aime les boîtes de nuit*
– *un frère et deux sœurs*
– *parle francais, allemand*

– *Gérard Daumier (ci-dessus)*
– *marié*
– *deux enfants: un garcon et une fille*
– *28 ans*
– *travaille dans le service du personnel d'une société multinationale*
– *habite Genève*
– *aime le football*
– *aime les promenades en famille*
– *parle francais, italien*

Ces gens se présentent et parlent un peu d'eux-mêmes. Ecrivez en phrases complètes en français ce qu'ils disent sur eux-mêmes.
Exemple: Je m'appelle Marie-Pierre Brison. Je suis célibataire. J'ai . . .

Jeu de rôle: *En groupe.*

A. La première personne du groupe se présente.
  Exemple: Je m'appelle Anne Brown. Je suis secrétaire.
    La deuxième personne du groupe se présente de la même facon et répète les détails de la première.
  Exemple: Je m'appelle Philip Henderson. Je suis étudiant. Voici Anne Brown. Elle est secrétaire.
    On continue ainsi, ajoutant chaque fois tous les détails donnés, jusqu'à la dernière personne qui répète les détails du groupe entier.

Jeu de rôle: *Avec un(e) partenaire.*

A. Chacun prend une minute environ pour parler un peu de soi. Echangez les détails suivants:
  – qui vous êtes   – votre travail ou vos études
  – où vous habitez   – vos loisirs
B. Avec votre partenaire et un autre couple, en groupe de quatre. Chacun présente son/sa partenaire aux autres en racontant ce qu'il/elle vient d'apprendre sur lui/elle.

4. Le programme de la journée

RENSEIGNEMENTS

PROGRAMME

*Président des Assises : Philippe Bamberger,
président de la COFIT.
Animateur : François de Witt, rédacteur en chef
des Forums de L'Expansion.*

8 h 00 : Accueil des participants et remise
des dossiers.

9 h 00 : Présentation des Assises par
Philippe Bamberger.

9 h 15 : Le rôle majeur du tourisme,
par Jacques Chirac, maire de Paris.

9 h 30 : Le poids économique du tourisme,
par Jean Ravel, délégué général de la COFIT.

9 h 45 : Le tourisme créateur d'emplois.

11 h 00 : Pause.

11 h 30 : Le tourisme industrie exportatrice.

13 h 00 : Déjeuner.

15 h 00 : Le tourisme industrie du futur.

17 h 00 : Synthèse et conclusions.

Entendu? 🔲 *Ecoutez la bande.*

You work in the tourist industry and you are accompanying your boss to a conference in France. She speaks French less well than you and is counting on you to translate for her.

The conference programme gives the events, but not the numbers of the rooms where they are taking place. Listen and explain to your boss:
– the numbers of the rooms
– where you can have coffee
– where you can have lunch
– where you can find a taxi to go back to your hotel

Comment parler de l'avenir

1. On emploie le futur:
   - M. Chirac vous parlera du rôle du tourisme.
   - La conférence finira vers 18h00.
2. On emploie le verbe **aller**:
   - Nous allons déjeuner à une heure.
   - On va se réunir vers 15 heures.
3. On emploie aussi le présent:
   - Qu'est-ce qu'on fait maintenant?
   - Moi, je rentre à hôtel.

5. Au fond, à gauche

EXPRESSIONS INDISPENSABLES

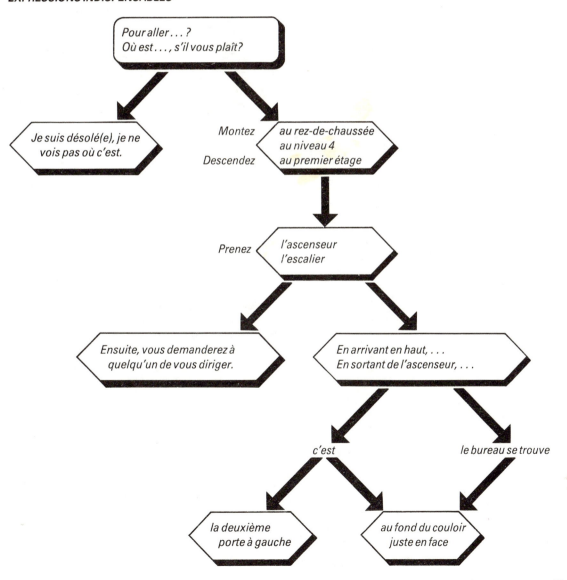

RENSEIGNEMENTS

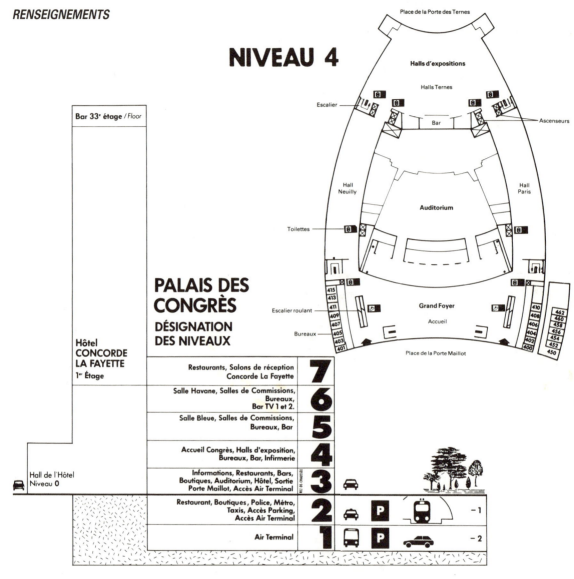

Exercice 3: *Regardez les plans.*

Vous êtes dans le grand foyer au niveau 4 en train de regarder le plan. Des gens viennent vous demander comment trouver les endroits suivants:
- le restaurant
- les toilettes
- le bar
- le bureau 410
- les boutiques
- le bureau 510
- les halls d'expositions

Avec le plan et les expressions indispensables à la page 13, expliquez-leur le chemin en français.

Entendu? *Écoutez la bande.*

Après avoir écouté la bande, imaginez que vous guidez un groupe de gens qui viennent pour la première fois au Palais des Congrès. Préparez ce que vous allez leur dire en français. Utilisez le plan.

6. Pour se détendre

EXPRESSIONS INDISPENSABLES

Ça vous dirait d'aller voir un film?

Ça me paraît difficile. Je ne comprends pas très bien l'anglais.

Pourquoi pas? C'est une excellente idée.

Si vous préférez, on pourrait aller au restaurant.

Je ne peux pas sortir ce soir. Je suis trop fatigué(e).

Oui, ça, c'est une bonne idée.

Bon alors, à demain!

On y va?

Si on allait prendre un verre?

Je ne peux pas. J'ai un rendez-vous dans une demi-heure.

Oui, volontiers.

Vous voulez qu'on se retrouve plus tard? On peut dîner ensemble.

Ce n'est pas possible. On ne pourrait pas le remettre à demain?

D'accord, à ce soir!

Oui, bien sûr. A demain!

J'ai envie de faire un peu de tourisme. Qu'est-ce que vous proposez?

Je vous conseille d'aller voir l'église de Saint Cyprien. Il paraît qu'elle est très belle.

Je vous suggère d'aller au musée. Il y a une exposition très intéressante.

VOUS SUGGEREZ

VOUS ENTENDEZ

15

RENSEIGNEMENTS

pour danser

CAVEAU DE LA HUCHETTE
Jusq. 18 JOEL LACROIX JAZZ ORCHESTRA
du 19 au 28 :
LE CELEBRE TROMBONISTE
AMERICAIN
GENE M.F. CONNORS
ET DANY DORIZ QUARTET

Chapelle des Lombards, 19, rue de Lappe, 43 57 24 24, M° Bastille. *A 22h30 mer. : Bastille Rumba. Jeu., ven. et sam. : Azikem.

COUPOLE, 102, bd du Montparnasse, 43 20 14 20. Vendredi soir de 21h à 3h du mat. Samedi et dimanche : thé dansant de 15h à 19h + soirée à partir de 21h. Musique rétro.

MIDNIGHT EXPRESS, parvis de La Défense, sortie n° 8. 47 73 54 32. Mer. et jeu. : entrée grat. pour tous et le ven. pour les dames jusqu'à minuit. Samedi : 90 F. Dim. après-midi : 35 F. (Entrée grat. pour les filles jusqu'à 15h30.)

CLUB ZED, 2, rue des Anglais, (hauteur 70, bd St-Germain), 43 54 93 78. Mer. : soirée rock'n'roll. Tarif spécial : 50 F. Jeu. : Rock'n Roll 50 F / ven. et sam. : Rock'n Roll jazz et variétés : 90 F.

ACTIVITES SPORTIVES

Aquaboulevard de Paris, 4, rue Louis-Armand. 40 60 10 00. Tennis, squash, golf, gymnasium. Village provençal, bowling, billard, bridge, club courses PMU. Tir, parc aquatique, espace verts. Restaurants, bars, boutiques. Ent. visiteurs : 1 journée 25 F. Ent. parc. aquatique : 1 journée 60 F. — 12 ans : 45 F. — 3 ans : gratuit.

4 Bowlings Sympas, Bowling de la Chapelle, La Défense, Champerret, Front de Seine. 72 pistes avec autoscores ou téléscores.

Tennis-Club de la Porte d'Ivry, 22, rue Ledru-Rollin, Ivry-sur-Seine, 46 72 15 55. 12 cours de tennis couverts, chauffés.

expositions

ARCHIVES NATIONALES
1789
Naissance de la Souveraineté nationale
tous les jours sf lundi, 12h-18h
prolongation jusqu'au 28 mai
87, rue Vieille du Temple

MUSEE DE L'HISTOIRE DE FRANCE
La révolution française
Tous les jours sf mardi, 14h-17h
60, rue des Francs-Bourgeois

De Paris à Meudon
Découvrez le Musée Rodin
UNE NAVETTE vous conduira
du MUSEE RODIN de Paris
au MUSEE RODIN de Meudon
de mai à septembre
les samedi, dimanche
Tarif aller et retour : 20 F

Départs :	Retours :
14h	16h
16h10	18h10

Paris : 77, rue de Varenne (7°)
Meudon : 19, avenue Auguste-Rodin

ULURU
LES ABORIGENES D'AUSTRALIE
Animations pour scolaires
Exposition
du MUSEE EN HERBE
HALLE St-PIERRE
2, rue Ronsard, 75018 Paris
LIBRAIRIE - SALON de THE
☎ 42.58.74.12

programmes des cinémas

GRAND PAVOIS, 364, rue Lecourbe, 45 54 46 85. M° Balard. Pl. : 35 F. TR. 25 F : Lun. et étud., C.V. (sf ven. soir, sam., dim., fêtes et veilles de fêtes). CF : 6° entrée gratuite.
Lun. 21h15 (TU : 35 F) : **Le dernier empereur** (vo) (Dolby stéréo).
Dim. 11h45 : □ **Quadrophenia** (vo) (Dolby stéréo).
Mer. 15h15, jeu. 20h15, dim. 20h, lun., mar. 17h : **Willow** (vo) (Dolby S.R.).
Jeu., ven., dim., mar. 13h30 : **Tygra, la glace et le feu** (vo) (Dolby stéréo).
Ven. 22h15 : **Le nom de la rose** (vo) (Dolby stéréo).
Ven. 19h : **Le monde selon Garp** (vo).
Sam. 22h15 : △ **Angel Heart** (vo) (Dolby stéréo).
Jeu. 15h30, dim. 20h30 : **Monty Python à Hollywood** (vo).
Ven., mar. 21h15 : **Barry Lyndon** (vo) (TU 35 F).
Mer. 21h : **L'année du dragon** (vo) (Dolby stéréo).

KINOPANORAMA, 60, av. de la Motte-Picquet, 43 06 50 50 (répond. et réserv.), M° Motte-Picquet. Salle climat. (H). Pl. : 40 F en mat. (et pour étud. et CV). 50 F en soirée. Lun. TU 35 F.
Séances 14h, 19h30. Film 30 mn après. Réservation de 15h à 19h :

LAWRENCE D'ARABIE
v.o. 70 mm - Dolby magnétique 6 pistes

concerts

JEUDI 18 MAI
Châtelet, Théâtre Musical de Paris, — 12h45 « Les Midis musicaux ». Avec Hélène PERRA-GUIN, mezzo-soprano, Valérie CHEVALIER, soprano, au piano : Elisabeth COOPER. Oeuvres de Mendelssohn, Mozart, Rossini, Strauss. Pl.35F

DIMANCHE 21 MAI
Eglise des Billettes. — 10h00 Récital d'orgue par Nicolas JACQUIN. Oeuvres de Frescobaldi. Entrée libre.
Théâtre Renaud-Barrault. — 11h00 TRIO BARRY TUCKWELL. Oeuvres de Beethoven, Strauss, Brahms. Pl.70F

Exercice 4: *Lisez les renseignements.*

You are accompanying your boss on a business trip to Paris. You will be there for five days including a weekend and you will be in meetings from 9am to 12 pm and from 2pm to 5pm, except for Saturday and Sunday. Compile a list of suggestions for leisure activities for your boss.

A. *Your boss is Mr Martin. He is 35 years old. He likes playing sports and going to the cinema (although he doesn't understand French very well). He likes bars and going to discos.*

B. *Your boss is Mrs Jones. She is 45 years old and likes to visit museums and go to classical music concerts, when business meetings permit.*

Jeu de rôle: *Avec un(e) partenaire.*

Vous êtes en voyage d'affaires à Paris. Un(e) collègue français(e) vous propose de sortir le soir. En utilisant les expressions indispensables à la page 15 et les renseignements, imaginez la conversation.

7. Je suis désolé

RENSEIGNEMENTS

De temps en temps des problèmes se présentent.

Je suis arrivé(e) trop tôt.

Je suis arrivé(e) trop tard.

Ma voiture est tombée en panne.

J'ai perdu ma valise.

J'ai oublié mes dossiers pour la conférence.

Je n'ai pas de chambre pour ce soir.

Exercice 5: *Lisez les renseignements.*

Vos visiteurs ont beaucoup de problèmes. Trouvez la meilleure réponse dans chaque cas.

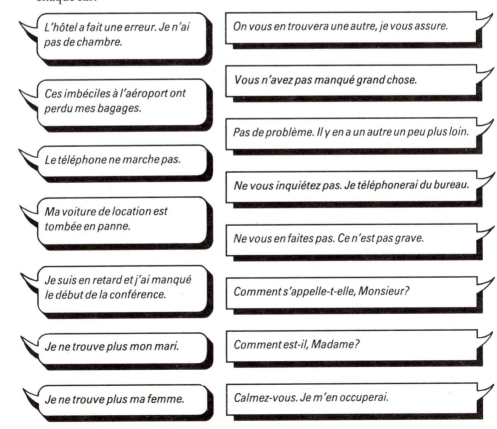

L'hôtel a fait une erreur. Je n'ai pas de chambre.

On vous en trouvera une autre, je vous assure.

Ces imbéciles à l'aéroport ont perdu mes bagages.

Vous n'avez pas manqué grand chose.

Le téléphone ne marche pas.

Pas de problème. Il y en a un autre un peu plus loin.

Ma voiture de location est tombée en panne.

Ne vous inquiétez pas. Je téléphonerai du bureau.

Je suis en retard et j'ai manqué le début de la conférence.

Ne vous en faites pas. Ce n'est pas grave.

Comment s'appelle-t-elle, Monsieur?

Je ne trouve plus mon mari.

Comment est-il, Madame?

Je ne trouve plus ma femme.

Calmez-vous. Je m'en occuperai.

Exercice 6: Regardez l'exercice 5. Faites une liste de toutes les expressions que vous connaissez en francais pour rassurer quelqu'un qui a un problème.

Jeu de rôle: *Avec un(e) partenaire.*

A. Une déléguée de conférence arrive à la réception de l'hôtel. Elle est en retard et a perdu ses bagages en route. Elle doit passer un coup de téléphone. Imaginez sa conversation avec le/la réceptionniste.

B. Un délégué de conférence a loué une voiture qui tombe en panne le premier jour. Il manque le premier discours auquel il avait envie d'assister. Imaginez sa conversation avec le/la réceptionniste du centre de conférences.

Exercice 7: *Regardez la publicité.*

Your company is looking for a venue for the annual sales conference. You have chosen Paris as a location suitable for your 45 agents from French-speaking countries. Write a memo in English to explain to the conference administrator why this hotel would be suitable.

LE GRAND HÔTEL ORGANISE LES GRANDS MOMENTS

"Le Grand Hôtel" est depuis de longues années le spécialiste de l'organisation de vos banquets, séminaires et cocktails. Petits ou grands. Il bénéficie d'un emplacement privilégié au cœur de Paris (en face de l'Opéra), et d'une équipe très compétente qui saura vous offrir un service personnalisé à des prix très compétitifs.

10 salles sont à votre disposition pour recevoir de 20 à 1000 personnes.

En particulier :
Le Salon Opéra (classé monument historique) pour les banquets, déjeuners, cocktails.
Le Salon Berlioz pour les séminaires et réunions.
Appelez-moi pour tous renseignements.
Pierre Anglade, directeur de la restauration
42.68.12.13
Grand Hôtel Inter-Continental Paris
2, rue Scribe 75009 Paris.

GRAND HOTEL
INTER-CONTINENTAL
PARIS

   L'OREILLE EN COIN

Sylvie Allard arrive pour sa première journée de travail chez Novocadeau, une société de vente de cadeaux pour l'exportation. Elle demande à la réceptionniste d'annoncer son arrivée à M. Lebosse, le directeur, et va le voir dans son bureau.

"Bonjour Mademoiselle! Vous êtes en forme pour votre première journée? Venez, je vais vous faire faire un tour des bureaux et vous présenter à vos nouveaux collègues."

Sylvie et Lebosse entrent à la comptabilité.

"Bonjour Mademoiselle. Je vous présente Sylvie Allard, ma nouvelle assistante. Sylvie Allard, Marilyn Contetout, notre comptable.

– Enchantée de faire votre connaissance," dit Sylvie.

Marilyn lui serre froidement la main, sans rien dire. "Belle, très intelligente, mais pas bien aimable," pense Sylvie. M. Lebosse et Sylvie passent dans le bureau voisin.

"M. Belhomme, voici Sylvie Allard, assistante de direction. Max Belhomme, responsable des ventes. Belhomme, j'aimerais que vous expliquiez à Sylvie tout ce qui peut lui être utile, à commencer peut-être par l'ordinateur . . . Bon, je vous laisse.

– Bonjour. Je peux vous appeler Sylvie? Vous voulez un café? Par ici, je vais vous montrer l'ordinateur. Ensuite, nous irons déjeuner. D'accord?"

Sylvie trouve Max très sympathique. Contetout écoute par la porte ouverte; elle a l'air fâchée.

CE QUE NOUS FAISONS

1. Notre organisation		Explaining what the company does
2. Qu'est-ce que vous faites?		Asking for information about companies
3. Notre personnel		Job descriptions
4. Au service des ventes		Talking about sales
5. Publicité		Advertising products
6. Nos succursales		Locations
7. Les pays francophones		Contacting French-speaking countries

Mots indispensables

Expressions indispensables

Questions de langue

- different companies: page 19
- describing jobs: page 21
- asking for information: page 21
- comparison of adjectives: page 25
- prepositions to use with names of countries/towns: page 28

1. Notre organisation

MOTS INDISPENSABLES

une agence de voyages

une maison d'édition

 elf aquitaine

une compagnie de pétrole

Knorr

un fabricant de produits alimentaires

PEUGEOT

un fabricant de voitures

CHANEL

une maison de haute couture

une société immobilière

Exercice 1: *Lisez les mots indispensables à la page 19.*

Trouvez la description qui correspond à chaque entreprise.
Exemple: une agence de voyages
- réservations: voyages en avion et en train
- spécialiste en voyages d'affaires
- voyages organisés à l'étranger à tarif réduit

A.
- confection habillement dernier cri
- vente en exclusivité dans notre magasin
- mode masculine et féminine

B.
- propriétés à vendre
- locaux commerciaux à louer, tarifs préférentiels
- attribution de prêts immobiliers

C.
- produits alimentaires secs
- accent sur la qualité et l'hygiène
- potages, sauces, bouillons

D.
- raffinage de pétrole
- installations de forage en Mer du Nord
- produits pétroliers

E.
- fabrication de voitures de luxe et de sport
- voitures commerciales: poids lourds
- recherche et développement

F.
- publication de livres et journaux
- spécialisation langues étrangères
- expéditions à l'étranger

Exercice 2: Ecrivez en français un paragraphe sur chaque société, avec des phrases complètes.
Exemple: une agence de voyages
Nous sommes une agence de voyages. Nous réservons vos voyages en avion et en train . . .

DOCUMENTATION

Exercice 3: *Regardez la documentation.*

Your company is expanding with a branch in northern France and needs a new computer for the accounting system. The accountant has found this advert in a magazine. Make a summary in English of the services offered and the kind of computers used.

2. Qu'est-ce que vous faites?

EXPRESSIONS INDISPENSABLES

Comment demander un renseignement

– Excusez-moi de vous déranger. Vous pourriez me dire . . .?

– J'aurais voulu certains renseignements sur/concernant . . .

– J'aurais aimé savoir/connaître . . .

– Comment dois-je faire pour . . .?

– Vous ne savez pas si/où . . .?

Exercice 4:   *Lisez les expressions indispensables.*

Comment demanderiez-vous ces renseignements en français?

A. Vous voulez savoir le nom du chef des ventes d'une société.
B. Vous voulez obtenir les numéros de téléphone des agences d'une entreprise.
C. Vous avez besoin de certains détails sur un produit.

3. Notre personnel

MOTS INDISPENSABLES

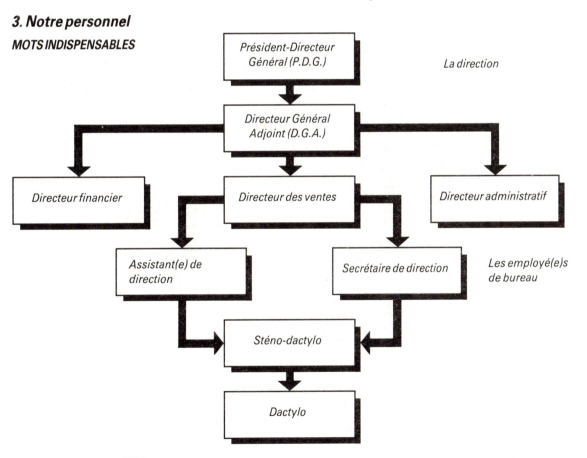

Entendu?   🔊 *Ecoutez la bande.*

Vous visitez une société suisse à Genève. Vous venez d'arriver et la secrétaire du P.D.G. vous présente le personnel du bureau. Faites une liste en français du nom et de la fonction de chaque personne.

21

Jeu de rôle: *Avec un(e) partenaire.*

Imaginez que vous remplissez une de ces fonctions. Expliquez à votre partenaire, en français, ce que vous faites. Il/Elle vous pose des questions.
Exemple: Je suis assistant(e) de direction. J'organise des voyages et des réunions. . .

Descriptions de fonctions:

A. Assistant(e) de direction
– organiser les voyages et les réunions
– collaborer à la préparation, la vérification et l'envoi des mailings
– assurer l'expédition de tous les rapports mensuels de la société
– assurer la préparation et la vérification des dépenses de la direction
– suivre les dossiers et les problèmes en cours
– collaborer à la traduction de documents

B. Responsable du lancement d'une agence
– étude du marché
– étude des réseaux de distribution, y compris l'analyse de diverses formes d'association avec d'autres sociétés
– adaptation des produits au marché français
– analyse des produits existants
– selection d'emballages en fonction des goûts du marché

DOCUMENTATION

DEMAIN AVEC PROCTER & GAMBLE

L'entreprise en France ? 1 600 personnes, dont 400 cadres. Le groupe international ? 60 000 personnes, 50 usines dans 24 pays. Le bilan ? Le C.A. en France (3,2 MDF en 84) a triplé sur les quatre dernières années. Ses hommes ? Tous et toutes ont un point commun : une large compétence et un fort potentiel personnel.

JEUNES DIPLOMES GRANDES ECOLES POUR NOTRE DEPARTEMENT COMMERCIAL

Vous êtes jeune diplômé de haut niveau. Votre objectif : le TOP-MANAGEMENT. Aujourd'hui, la filière-Ventes vous offre la possibilité d'y accéder très rapidement. Si ce choix vous motive, le DEPARTEMENT MARKETING-VENTE de PROCTER & GAMBLE à des atouts majeurs :

■ Une formation commerciale unique.
■ Un environnement humain hautement stimulant.
■ Une promotion exclusivement interne.

Si par ailleurs, commencer votre carrière dans votre région est pour vous un critère de qualité de vie professionnelle, cela, nous pouvons aussi vous l'offrir dans une de nos Directions Régionales : PARIS, LILLE, NANCY, RENNES, TOULOUSE, LYON, NICE.

Ecrivez s/réf. 12EXS une courte lettre et joignez votre C.V. à David TAYLOR - PROCTER & GAMBLE FRANCE - 96, avenue Charles-de-Gaulle, 92201 Neuilly-s/Seine cedex.

D'autres postes sont à pourvoir immédiatement dans les départements FINANCES (s/référence 12EXF) et pour de JEUNES DIPLOMES INGENIEURS X, Mines, Centrale, ESE, INSA, A. & M., ENSI,... dans les départements INFORMATIQUE (s/réf. 12EXI), MANUFACTURING (s/référence 12EXP), RECHERCHE ET DEVELOPPEMENT (s/référence 12EXR).

Adresser votre dossier de candidature à Romain BUREAU Recrutement Cadres, à la même adresse.

Exercice 5:   *Regardez la documentation.*

This international company is recruiting personnel for the marketing department of its French company. Make a summary of the advert in English to include the following details:
– the number of employees in France and abroad
– the main regional offices in France
– the advantages of working for this company
– the kind of qualities the company is looking for in its employees

DOCUMENTATION

CURRICULUM VITAE

Brigitte SEDILLE
3, Rue Abel Ferry
75016 PARIS
Tél: 46 47 76 54

Née le 5/4/56
Célibataire

DIPLOMES

– 1974: *Bac D*
– 1978: *DUT* Départment "Techniques de commercialisation"
– 1979: *Licence d'économie appliquée* à l'Université Dauphine
– 1980: *Maîtrise de Gestion* option *Marketing* à l'Université Dauphine

EXPERIENCE PROFESSIONNELLE

– novembre 1980 à février 1983:
   Chef de Publicité à la revue du Touring Club de France, puis *Directrice du Marketing* du Touring Club de France
– mars 1983 à ce jour:
   Responsable de missions d'études et de commercialisation pour différentes sociétés:
– *Fédération Française de Franchissage:* développement de la franchise en France
– *Simone MAHLER:* Prospection à l'étranger
– *Temps X:* Promotion des Frères Bogdanoff
– *Richmond:* Organisation de salons de prêt à porter – choix des collections
– *Balenciaga:* Etude d'image de marque

Dactylographie: 45 mots par minute
Expérience sur machine de traitement de texte

STAGES:

–juillet-août 1977:
   Etude et rapport sur l'influence des styles de vie dans la communication publicitaire – campagne de promotion en collaboration avec l'agence *BELIER* pour Conforama et la S.N.C.F.
–juillet-aôut 1979:
   Etude comparative de la politique commerciale du groupe *Euromarché* par rapport à la concurrence (merchandising, publicité)
–juillet à octobre 1980:
   En charge des relations extérieures d'un cabinet d'avocats internationaux (A.J.I., 198, Avenue Victor Hugo, 75016 PARIS)

LANGUES:

Anglais: lu, parlé, écrit
Italien: lu, parlé, écrit

SPORTS:

Tennis, windsurf, squash, volley, ski

Exercice 6:   *Regardez la documentation.*

Regardez le modèle et écrivez votre curriculum vitae en français. N'oubliez pas de donner les détails suivants:
– votre nom, adresse et numéro de téléphone
– vos diplômes et la date où vous les avez obtenus
– votre expérience professionnelle: les dates, le nom de l'entreprise et votre poste
– autres expériences et activités

Jeu de rôle: *En groupe de trois, A, B et C.*

Vous êtes **A** et vous ne parlez pas français. Vous recevez la visite de **B** et vous lui posez des questions sur son travail en anglais.

Vous êtes **B** et vous êtes assistant(e) de direction dans une grande entreprise. Vous répondez en français aux questions posées par **A**.

Vous êtes **C** et vous faites l'interprète entre les deux.

4. Au service des ventes

DOCUMENTATION

SERVICE ET INGÉNIERIE INFORMATIQUES

Secteur Service et ingénierie informatiques		1984
en millions de francs	Total	dont étranger
Chiffre d'affaires hors taxes cumulé	1789	521

Les activités de service et d'ingénierie informatiques sont essentiellement exercés par GSI ALCATEL et par SESA.

En 1984, le chiffre d'affaires du secteur a progressé de 26 % au total et de 73 % à l'étranger. A structure comparable, hors incidence des acquisitions par GSI ALCATEL de MARKETING SYSTEMS, AID, BUS et CINA, la croissance totale du secteur a été de 18 % et de 52 % à l'étranger.

Les ventes de GSI ALCATEL (1178 millions de francs) ont progressé de 22 %, dont environ la moitié par croissance interne. En France, le chiffre d'affaires a augmenté de 15 %. L'orientation des activités de la société vers la fourniture de services spécialisés par fonction (paie et gestion du personnel, comptabilité et gestion financière) ou par profession (concessionnaires automobiles, distribution, tourisme...) a été poursuivie. L'acquisition de la société allemande AID a permis à GSI ALCATEL de prendre le premier rang en Europe pour les services aux concessionnaires automobiles ; celle de CINA renforce sa position dans le secteur bancaire. En informatique

avancée et en intelligence artificielle GSI ALCATEL a pris des positions significatives, notamment à travers l'accord qu'elle a conclu avec la société américaine Carnegie Group Inc. spécialisée dans les systèmes experts s'appliquant en particulier à la productique. Dans le domaine des banques de données économiques, GSI ECO poursuit son développement avec une clientèle de grandes entreprises et d'administrations.

SESA a réalisé un chiffre d'affaires de 573 millions de francs, en progression de 32 %. Les ventes à l'exportation (154 millions de francs) ont quadruplé. La société occupe une position de premier plan dans le monde pour la conception et la réalisation de systèmes de commutation de paquets pour les échanges de données. Après avoir équipé des réseaux en France, en Australie, en Nouvelle-Zélande, en Italie, au Brésil et au Luxembourg, SESA a reçu, à la fin de 1984, une commande de Chine pour des liaisons entre ordinateurs situés à Pékin, Shanghaï et Canton. Aux Etats-Unis des réseaux privés ont été vendus dans le cadre de la licence concédée à Paradyne en 1983.

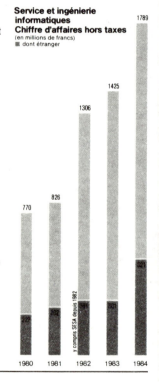

Service et ingénierie informatiques
Chiffre d'affaires hors taxes
(en millions de francs)
■ dont étranger

1980: 770
1981: 826
1982: 1306 *(y compris SESA depuis 1982)*
1983: 1425
1984: 1789

Exercice 7:   *Regardez la documentation.*

Trouvez l'équivalent en anglais de ces expressions:
- le chiffre d'affaires
- la croissance totale
- par croissance interne
- l'orientation des activités
- la fourniture des services
- spécialisés par fonction
- prendre le premier rang
- renforcer sa position
- l'accord
- poursuit son développement

Cherchez les mots dans le dictionnaire si vous ne les connaissez pas.

Exercice 8:   *Regardez la documentation.*

You work for a British telecommunications company. The sales manager is interested in the activities of the company's competitors abroad and has asked you to make a summary of this article in English.

QUESTIONS DE LANGUE

Comparaison

haut	plus haut	le plus haut
avantageux	plus avantageux	les plus avantageux
basse	plus basse	la plus basse
intéressantes	plus intéressantes	les plus intéressantes
cher	moins cher	le moins cher
bon	meilleur	le meilleur
mauvais	pire	le pire

Exercice 9: *Regardez le graphique.*

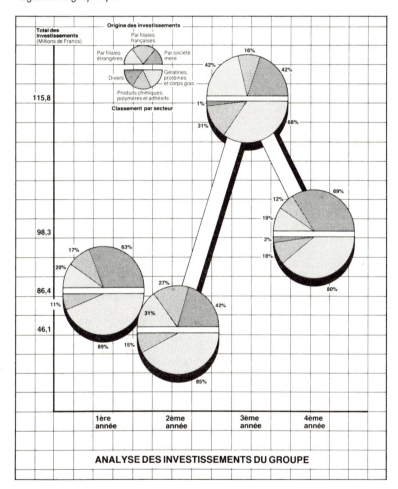

Regardez les chiffres de ce graphique et écrivez un paragraphe en français sur les investissements de la compagnie Rousselot.

A. Est-ce que les investissements de la compagnie pendant la première année sont plus hauts ou plus bas que pendant la quatrième année?

B. Le pourcentage des investissements en provenance de la société mère a-t-il changé d'année en année?

C. En quelle année le secteur produits chimiques a-t-il reçu l'investissement le plus important?

5. Publicité
DOCUMENTATION

Exercice 10: *Regardez la documentation.*

Audi et Michelin sont tous les deux champions du monde des rallyes. Faites une liste des qualités de leurs produits et des raisons de leurs succès sportifs.

Quels mots sont répétés dans chaque pub, et combien de fois ? Quel effet est créé par cette répétition ?

Exercice 11: *En groupe.*

On utilise certains mots et certaines expressions dans la publicité pour mettre en valeur le produit. Trouvez ces mots dans le dictionnaire et discutez de la meilleure façon de compléter le texte ci-dessous.

Choisissez dans cette liste:

– record de ventes	– contemporaine	– sophistiqués
– unique	– en tête	– compétitif
– novateur	– véritable	– remarquable
– impressionnante	– intelligente	– compétences

Rencontre avec un esprit remarquable.

L'esprit qui anime le groupe Saab-Scania, c'est tout à la fois une philosophie de l'action, une volonté et une réalité: être __ ____.

Non seulement pour chaque voiture, poids lourd ou avion réalisés, mais dans la production de tous les composants nécessaires à leur existence. __ ____ aussi dans l'utilisation _____ d'une expérience _____ et cela, d'un champ d'action à l'autre. En tête, enfin et _____, dans le financement de la recherche et du développement.

Ces dernières années, et sur un marché particulièrement _____, le groupe Saab-Scania a établi ainsi un _____ record de ventes et de bénéfices tout en dégageant une rentabilité d'investissement _____. Record _____ et lié à cet esprit _____ qui permet aujourd'hui à Saab-Scania de si bien répondre aux besoins les plus _____.

Le blason de Saab-Scania résume tout entier son expérience _____ et ses _____ multiples, en représentant des éléments du passé sous une forme _____.

SAAB-SCANIA

Leaders dans la technologie des transports spécialisés.

Exercice 12: *Regardez la publicité sur les pages 20, 22 et 26.*

Trouvez des mots et des expressions en français du même type que ceux vous avez vus dans la liste de l'exercice 11.

Exercice 13: *Regardez les publicités sur les pages précédentes.*

Vous travaillez dans une agence de publicité. Vous allez lancer un nouveau produit.

A. Ecrivez une pub pour ce produit à paraître dans un journal français.

B. Préparez une présentation promotionelle orale en français que vous allez faire sur ce produit, devant la classe. Servez-vous des sous-titres ci-dessous.

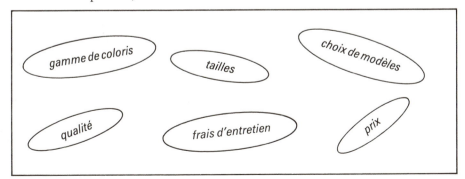

Points de vue: *En groupe.*

Les membres du groupe vont poser des questions en français à la personne qui fait la présentation et décider s'ils veulent acheter le produit.

6. Nos succursales

QUESTIONS DE LANGUE

La situation

Pays:

la France	en France	de France
l'Afrique	en Afrique	d'Afrique
le Canada	au Canada	du Canada
les Etats-Unis	aux Etats-Unis	des Etats-Unis

Villes:

Paris	à Paris	de Paris
Le Havre	au Havre	du Havre

Nord, Sud, Est, Ouest:

au nord de la France	to the north of France
dans le nord de la France	in the north of France
voyager vers le nord	to travel north
la côte nord	the north coast
du côté nord	on the north side

Exercice 14: *Regardez les plans.*

IMPLANTATIONS EN FRANCE

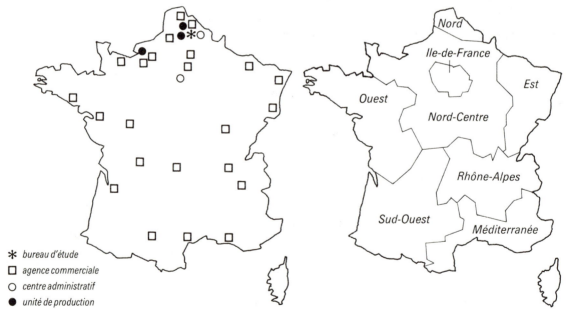

✱ *bureau d'étude*

☐ *agence commerciale*

○ *centre administratif*

● *unité de production*

Faites une liste des agences commerciales, groupées par région.

Exemple: Dans le Nord la société dispose de:
- deux agences commerciales
- un bureau d'études
- deux unités de production
- un centre administratif

Cherchez les noms des villes sur une carte de France.

7. Les pays francophones

RENSEIGNEMENTS

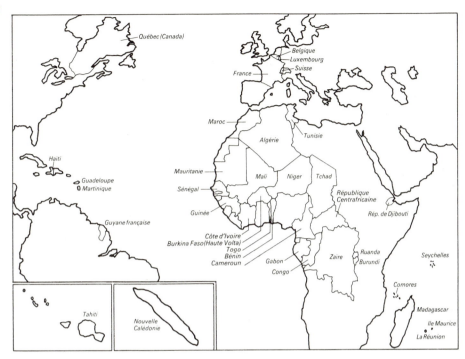

A la recherche de nouveaux marchés aux 17, 18 et 19ème siècles, la France a colonisé des territoires dans le monde entier. La plupart de ces pays sont maintenant indépendants, mais on y parle toujours le français.

Exercice 15: Déchiffrez le nom du pays et trouvez le nom de la capitale dans un atlas.
- EENGALS
- CRMOA
- ESISUS
- AADNAC
- NARFEC
- BONGA

DANS LA PRESSE

Les affaires de famille

"Je demande au peuple français d'adhérer au moins autant que nous à la francophonie." Par cette formule choc, Abdou Diouf, président du Sénégal, concluait son discours devant les participants du premier sommet de la francophonie.

Curieux kaléidoscope, en effet, que cette francophonie qui regroupe quelque 125 millions de personnes. Pour les réunir, un seul point commun: un même usage de la langue de Voltaire et de Verlaine. Mais, surtout, une même certitude: c'est au sein de la famille francophone, où riches et pauvres cohabitent, que chacun, selon ses besoins, trouvera les moyens de survie économique ou culturelle.

Bien sûr, les attentes ne sont pas les mêmes. Pour les pays riches, les yeux fixés sur l'an 2000, l'informatique, la télématique, les communications par satellite, le combat est celui de la résistance à l'influence envahissante de l'anglais.

Pour les plus pauvres, l'espace de la francophonie représente un espoir: celui d'un Nord-Sud gérable, grâce, d'une part, au relatif petit nombre de pays à aider et, d'autre part, au souci de coopération des pays riches qui composent la famille francophone.   M. Duteil

Dossier spécial

If you are working, you can base your work on information from your own company. If there are any words you don't know, look them up in a dictionary.

The situation Your company is expecting a visit from a French-speaking delegation. They are staying five days, three working days and a weekend.

What you have to do

1. Using either a plan of your own place of work or the plan on worksheet 6, prepare a plan showing the various departments labelled in French.
2. Prepare an information sheet about the company in French. It should include the following information:
   - the names of people in the company, with their position in the company
   - where their offices are located
   - where visitors can make photocopies
   - where messages for visitors can be left
   - where the visitors have lunch (on the premises or at a restaurant)
   - the location of facilities, like drinks machines and toilets
   - the name, address and telephone number of the hotel where the visitors will be staying
3. Prepare an information sheet in French on leisure activities in your own area. It should include the following information:
   - places of local interest
   - sports facilities
   - shopping facilities
   - entertainments
4. In French, prepare a short speech of welcome for the visitors. You should cover the following points:
   - introduce your colleagues, giving their job titles
   - using details from reports and sales literature which the sales director has given you, say something about sales figures and world-wide distribution (see Worksheet 7.)
   - go through the programme and explain the arrangements to the visitors (see Worksheet 8.)

   L'OREILLE EN COIN

Max Belhomme explique en détail à Sylvie Allard la situation de la société Novocadeau.

"Vous voyez, notre slogan est 'Novocadeau, le cadeau de vos rêves devenu vrai'. Nous sommes spécialisés dans la vente d'articles les plus originaux, dans les matériaux les plus extraordinaires. Nous essayons de **satisfaire** les demandes les plus inattendues de nos clients, des œufs d'escargot jusqu'au palmier en plastique, qui sert d'éventail automatique. Nous avons des clients dans le monde entier, par exemple, les familles royales d'Europe, d'Asie et d'Asie Mineure. Mais il y a aussi des tas de gens comme vous et moi qui désirent faire un cadeau très spécial à quelqu'un de très spécial . . . Nous devons adapter nos produits à tous les goûts et à toutes les bourses. Malheureusement, nous avons un gros concurrent, la société Plusgros de Daniel Méchon, et si nous ne décrochons pas de grosses commandes dans les semaines qui viennent . . .

– Très intéressant . . . Si nous allions déjeuner? Il est déjà plus de midi et demi."

Max et Sylvie décident d'aller à un restaurant dans le quartier. Marilyn Contetout, qui essaye depuis des mois de se faire inviter par Max, les regarde partir d'un œil mauvais et décide de faire tout son possible pour que Sylvie perde sa place.

UN COUP DE FIL

1. Faire un appel téléphonique

MOTS INDISPENSABLES

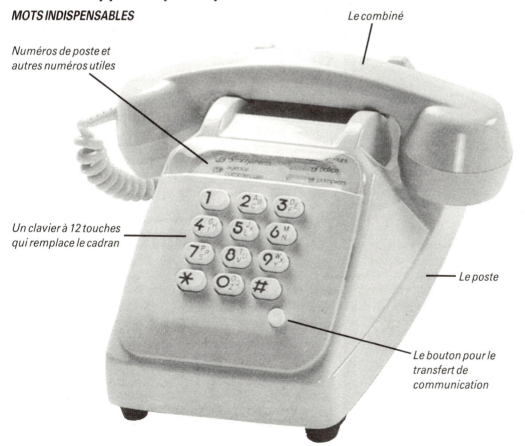

Le combiné

Numéros de poste et autres numéros utiles

Un clavier à 12 touches qui remplace le cadran

Le poste

Le bouton pour le transfert de communication

RENSEIGNEMENTS

Exercice 1: *Lisez les renseignements et les mots indispensables à la page 31.*

Un français qui visite votre entreprise veut savoir comment se servir d'une cabine téléphonique anglaise quand il est en dehors du bureau. Expliquez-lui en français comment il faut faire. Servez-vous des expressions utilisées dans la notice ci-contre. Cette notice vient d'une cabine française. Ecrivez des explications en français à afficher éventuellement dans un bureau.

ici cabine n° 6272

départment
CALVADOS

votre agence commerciale *14*
téléphone

fonctionnement

décrocher

introduire les pièces

non apparition des pièces
presser le bouton noir pour la restitution

tonalité

composer le numéro

- soit à 8 chiffres pour le(s) départment(s) du Calvados ou la province

- soit le 16 + le 1 + le numéro à 8 chiffres pour la région parisienne

le signal sonore ou visuel
intervenant au cours de votre
communication indique que vous devez

introduire d'autres pièces
si vous désirez poursuivre votre conversation

raccrocher
à la fin de la conversation les pièces
restant apparentes vous seront restituées

Exercice 2: *Regardez les photos.*

You need new telephones in the office. Your boss has seen some that she likes made by a French company. Help her to choose the type of phone which would suit these people in the company.

Example: Telephone 1 would suit the clerk because it has a permanent 20-number memory for storing numbers and . . .

A. The head of the technical service division who often has to visit other offices in the building.

B. The managing director's secretary who has to keep trying a number for an urgent call if she can't get through the first time.

C. The sales manager who sometimes has to consult colleagues when he is talking to a client on the phone.

D. A busy clerk who has to make a lot of calls abroad and look up information while he is talking to clients.

1. *Mémoire permanente de 20 numéros.*
Numérotation sans décrocher.
Ecoute amplifiée.

2. *Six touches de fonction personnalisables permettant d'exploiter instantanément les services offerts par l'installation téléphonique.*
Touche "secret" afin de parler à l'entourage sans être entendu par le correspondant.
Touche "flashing" pour le transfert de communication.

4. *Clavier à numérotation intégré dans le combiné.*
Rappel du dernier numéro composé.
Touche permettant de reprendre la ligne sans avoir à raccrocher.
Sonnerie électronique.

3. *Poste électronique mobile.*
Bouton de prise de ligne.
Rappel du dernier numéro composé.

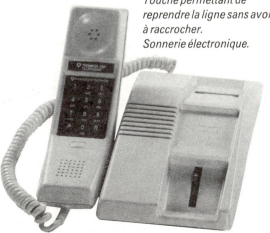

2. Quel est votre numéro?

C'est compris?   🔲 *Ecoutez la bande.*

Comment exprimer les numéros de téléphone en français.

Exercice 3:   Lisez ces numéros à haute voix:

–	39	79	02	03	–	759	5109
–	34	27	32	48	–	218	7493
–	39	89	84	22	–	450	9265
–	34	12	11	30	–	607	8112
–	48	41	55	55	–	905	0762
–	93	39	14	47	–	835	5341

RENSEIGNEMENTS   Pour trouver un numéro de téléphone il faut chercher dans l'annuaire. L'indicatif d'une ville et l'indicatif international se trouvent aussi dans l'annuaire. Si le numéro ou l'indicatif que vous cherchez n'est pas dans l'annuaire, appelez le service de renseignements.

Algeria

010 213
followed by telephone number.
No area code required.

Belgium

010 32
followed by
Bruges **50**
Brussels **2**
Liège **41**
followed by telephone number.

Canada

010 1
followed by
Montreal **514**
Quebec City **418**
followed by telephone number.

France

010 33
followed by
Amiens **22**
Lyon **7**
Paris **1**
Strasbourg **88**
followed by telephone number.

French Polynesia

010 689
followed by telephone number.
No area code required.

Guadeloupe

010 590
followed by telephone number.
No area code required.

Ivory Coast

010 225
followed by telephone number.
No area code required.

Exercice 4: *Lisez les renseignements.*

Des délégués étrangers à une conférence en Grande Bretagne doivent téléphoner chez eux. Expliquez-leur en français comment composer l'indicatif international et l'indicatif de la ville.

Exemple: Pour téléphoner à Strasbourg vous faites le 010 33, et votre numéro à huit chiffres.

Expliquez-leur comment téléphoner à:
- Montréal
- Bruxelles
- Amiens
- Bordeaux
- Algers
- Tahiti

Exercice 5: *Lisez les renseignements.*

You have to make some phone calls abroad. Look at the list of dialling codes to find out which codes to use. To decide which is the best time of day to call use this list of time differences.

Décalage horaire

Algérie	+1	France	+1
Belgique	0	Guadeloupe	−4
Canada	−4	Polynésie française	−10
Côte d'Ivoire	0		

M. JEAN-PAUL MARIGNANE, GUADELOUPE 12 45 45

Mlle G. DUBOIS, QUEBEC CITY 389 9872

Mme YVONNE LASALLE, TAHITI 90 47 62

M. F. SIMBANE, ABIDJAN 37 04 12

M. GILLES LEROI, LIEGE 70 10 76

Mlle BEN BLIDIA, ALGIERS 69 36 10

M. RIVIERE, PARIS 43 21 95 12

C'est co npris? *Ecoutez la bande.*

Ecrivez les numéros que vous entendez.

35

3. Oui, j'écoute. . .

EXPRESSIONS INDISPENSABLES

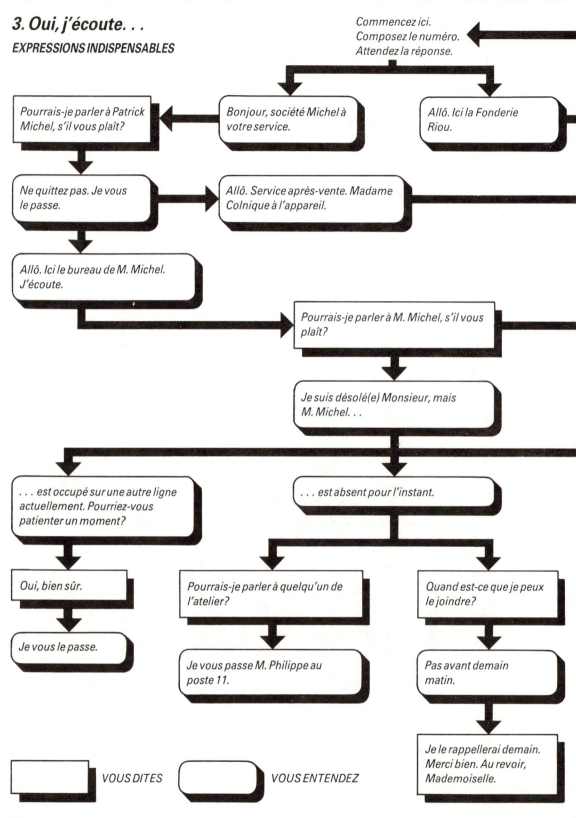

Commencez ici.
Composez le numéro.
Attendez la réponse.

Bonjour, société Michel à votre service.

Allô. Ici la Fonderie Riou.

Pourrais-je parler à Patrick Michel, s'il vous plaît?

Ne quittez pas. Je vous le passe.

Allô. Service après-vente. Madame Colnique à l'appareil.

Allô. Ici le bureau de M. Michel. J'écoute.

Pourrais-je parler à M. Michel, s'il vous plaît?

Je suis désolé(e) Monsieur, mais M. Michel. . .

. . . est occupé sur une autre ligne actuellement. Pourriez-vous patienter un moment?

. . . est absent pour l'instant.

Oui, bien sûr.

Pourrais-je parler à quelqu'un de l'atelier?

Quand est-ce que je peux le joindre?

Je vous le passe.

Je vous passe M. Philippe au poste 11.

Pas avant demain matin.

Je le rappellerai demain. Merci bien. Au revoir, Mademoiselle.

VOUS DITES

VOUS ENTENDEZ

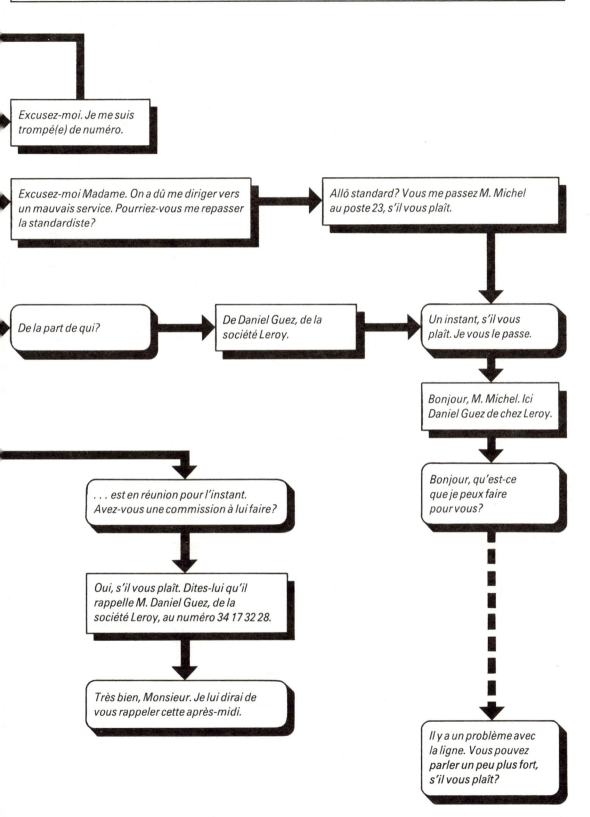

Excusez-moi. Je me suis trompé(e) de numéro.

Excusez-moi Madame. On a dû me diriger vers un mauvais service. Pourriez-vous me repasser la standardiste?

Allô standard? Vous me passez M. Michel au poste 23, s'il vous plaît.

De la part de qui?

De Daniel Guez, de la société Leroy.

Un instant, s'il vous plaît. Je vous le passe.

Bonjour, M. Michel. Ici Daniel Guez de chez Leroy.

. . . est en réunion pour l'instant. Avez-vous une commission à lui faire?

Bonjour, qu'est-ce que je peux faire pour vous?

Oui, s'il vous plaît. Dites-lui qu'il rappelle M. Daniel Guez, de la société Leroy, au numéro 34 17 32 28.

Très bien, Monsieur. Je lui dirai de vous rappeler cette après-midi.

Il y a un problème avec la ligne. Vous pouvez parler un peu plus fort, s'il vous plaît?

Conversation: *Ecoutez la bande.*

A. – Allô. Société Leroy.
– Bonjour. Ce serait pour prendre un rendez-vous avec Mme Legrand.
– Ne quittez pas. Je vous passe sa secrétaire.
– Oui. La secrétaire de Mme Legrand à l'appareil.
– Bonjour, Madame. Pourrais-je avoir un rendez-vous avec Mme Legrand?
– Oui, bien sûr. Quel jour désirez-vous?
– Vendredi après-midi, si possible.
– Oui, vers 14h30. Ça vous ira?
– Oui. Pas de problème. Donc, vendredi 26 à 14h30. Merci beaucoup.
– A votre service. Au revoir, Monsieur.

B. – Allô. Hotel Carlton.
– Pourriez-vous me réserver une chambre pour le mardi 12 février?
– Oui, bien sûr. Pourriez-vous me laisser vos coordonnées?
– Oui. Alors, c'est M. Bernard, 7 rue Voltaire, 93200 Sevron.
– Avez-vous un numéro de téléphone?
– Oui, c'est le 34 12 62 30.
– Bien, c'est d'accord pour le 12 février.
– C'est très bien. Merci beaucoup. Au revoir, Madame.
– Au revoir, Monsieur.

4. Comment ça s'écrit?

C'est compris?  *Ecoutez la bande.*

L'alphabet en français.

Exercice 6: Lisez ces noms en français à haute voix:

M-A-R-C-E-L-L-I-N;   H-E-R-A-U-D;   L-A-U-R-E-N-T;
D-E-L-A-T-O-U-R;   C-E-L-E-R-I-E-R;   E-R-R-E-C-A-L-D-E;
C-A-S-T-I-E-N;   N-A-V-A-R-R-E;   D-E-L-A-F-O-N-T;   R-I-F-F-L-E-T.

C'est compris? *Ecoutez la bande.*

Ecrivez les noms que vous entendez.

C'est compris? *En groupe.*

Le téléphone arabe

Ecrivez un nom et un numéro de téléphone sur un papier, ensuite dites-les à l'oreille de la personne à côté de vous, qui les répète à la personne à côté de lui/d'elle et le message passe ainsi tout autour de la classe. A la fin, vérifiez si c'est toujours le même nom et le même numéro!

Jeu de rôle: *Avec un(e) partenaire.*

Choisissez deux adresses et dictez-les à votre partenaire. Regardez pour voir s'il/si elle les a bien notées. Ensuite, écrivez les adresses que votre partenaire vous dicte.

5. Messages

QUESTIONS DE LANGUE

Discours direct – indirect

Il est possible que vous aurez de temps en temps des messages à traduire de français en anglais ou d'anglais en français. Voici des exemples:

Prendre un message:
"J'arrive dans une demi-heure" – She says she's arriving in half an hour.
"Nous avons besoin de documentation" – They say they want some brochures.

Laisser un message:
"Tell her we'll collect her from the airport" – On viendra vous chercher à l'aéroport.

Donner des instructions:
"Tell them to deliver Thursday or Friday" – Il faut livrer jeudi ou vendredi.

Poser une question:
"Ask them if they're coming" – Est-ce que vous venez?

C'est compris?   Ecoutez la bande.

Prenez des messages en anglais à transmettre à la personne concernée.

Exercice 7:   *Lisez les expressions indispensables aux pages 36 et 37 et les questions de langue ci-dessus.*

Your boss has asked you to make several calls to Belgium. He has left you the details of the information he wants you to give.

Message for Mlle Benoît and Mme Dupont.
Need to know time arriving at airport on
6th August so can arrange transport.
Ask if they want us to book them a hotel.

For Alain Bernard. We can't come over on
20th Feb. Ask if following week OK.

Ring sales dept at Opus and ask for
latest brochures on phones.

A. You have to leave the messages on an answering machine. Prepare what you have to say in French.

B. You will be speaking directly to the person. Prepare what you will say in French.

Jeu de rôle: *Avec un(e) partenaire.*

Imaginez la conversation avec M. Bernard. Utilisez les expressions indispensables de la section 4.

C'est compris? 🔲 *Ecoutez la bande.*

A colleague, who doesn't speak French, wants to make some calls to company agents in France, but he cannot get through to them. Instead, he hears some recorded messages in French which he cannot understand at all.

Listen to the messages and explain in each case what the problem is and what your colleague should do. Write a translation of each message in English.

Exercice 8: *Lisez les expressions indispensables aux pages 36 et 37.*

Au bureau on attend un appel téléphonique d'un agent au Gabon, mais à 17h il n'a toujours pas téléphoné. Traduisez en français ce message à laisser sur le répondeur automatique du bureau. En français, "your time" se dit **heure locale**.

> This is Carlton and Company. The office is closed. This is a message for Mr Colin calling from Gabon. Please call back tomorrow at 11am, that is 12 am your time. Thank you.

6. Pas de panique

DANS LA PRESSE

Téléphone la révolution d'octobre

Vendredi, dans la nuit, 23 millions de numéros vont changer. A condition qu'abonnés et syndicats jouent bien le jeu des Télécoms.

Une première mondiale pour doubler la capacité du réseau téléphonique. Parce que tout le monde réclame des lignes supplémentaires : entreprises, utilisateurs de Minitel ou de radiotéléphones. Et que les centraux – ces boîtes postales téléphoniques – ont atteint leurs limites. Avec ses sept chiffres, la Région parisienne ne peut dépasser les 4,8 millions d'abonnés, seuil pourtant prévu pour la fin de l'année.

Or le réseau existant a augmenté de 21 millions de nouveaux abonnés depuis 1955, date de l'actuel plan de numérotation. Conclusion : sauf à risquer la saturation, un nouveau plan s'imposait. Celui-ci va porter à 50 millions de numéros la capacité du réseau – ce qui revient à assurer la croissance du trafic jusqu'en l'an 2 000.

Depuis trois ans, les 1 700 centraux téléphoniques ont tous été modifiés. 15 000 grandes entreprises qui ont, elles, des installations complexes ont pris à leurs frais les travaux nécessaires, y compris le changement de leurs papiers à en-tête, de leurs cartes de visite, de leurs prospectus publicitaires. La semaine dernière, seule une trentaine de récalcitrants – des PME – n'avaient pas encore adapté leur standard à cette nouvelle numérotation, estimant que ces frais incombaient au service public.

Ce n'est pas tout. Pour gagner leur pari, les Télécoms ont refait des kilomètres de câblage et reprogrammé des logiciels entiers. Dans la nuit du 25 octobre, 22 000 agents – 50 000 au total pendant le week-end – devront brancher ce nouveau réseau. Dès minuit – ou presque – les techniciens installés dans le sous-sol de l'immeuble-bunker de la DGT, près du Parc des Princes, devraient pouvoir, grâce aux ordinateurs, localiser les abonnés égarés dans les dédales de la nouvelle numérotation.

Les oublieux seront rappelés à l'ordre par un message sonore (à condition d'être reliés à un central électronique). Les « largués » pourront s'adresser au 3 611 pour Paris, au 3 612 pour la province ou – à défaut – au 3 610 pour obtenir des explications.

Car, en dépit de l'énorme campagne d'information de 70 millions de francs, tous les spécialistes craignent que des milliers d'abonnés ne conservent leurs vieux réflexes. Certains estiment à 20, voire 25 %, le taux d'erreur dans la première semaine : un pronostic optimiste lorsque l'on sait que le passage des anciens francs aux nouveaux francs n'est toujours pas – vingt-cinq ans après – complètement entré dans les têtes !

Exercice 9: *Lisez les expressions indispensables aux pages 36 et 37.*

Si vous avez des problèmes au cours d'un appel téléphonique, qu'est-ce qu'il faut dire?

A. La ligne est mauvaise et vous n'entendez rien.
B. La ligne est bonne, mais vous n'avez rien compris!
C. Vous ne savez pas quoi dire et vous avez besoin de réfléchir.
D. Vous vous êtes trompé(e) de numéro.

Trouvez la meilleure façon de vous débrouiller en choisissant parmi ces expressions:

Excusez-moi	Je me suis trompé(e) de numéro	
Ne quittez pas, s'il vous plaît		
Pardon	La ligne est mauvaise Je ne comprends pas	Veuillez répéter, s'il vous plaît Je vais vous rappeler Je vous rappelle tout de suite

   L'OREILLE EN COIN

Max Belhomme est au téléphone avec un gros client de Surgelatia.

"Je répète. Cent pelles à poignée chauffante, spéciales iceberg. 1000 exemplaires de 'La cuisine magique de la Reine des Neiges'. Cinq cents manteaux de fourrure d'ours polaire 100 pour cent synthétique. Mille spirales chauffantes pour baignoires fourrure. Trois mille mixers à cocktail en acier antigel. Trente traîneaux électriques non polluants . . . A la fin de la semaine . . . Au revoir . . . Ah! Sylvie, enfin une grosse commande!

– Tiens, j'en ai reçu une autre, d'El Mirage. 'Mille et un châteaux de sable à construire dans votre désert', cent fois. Dix mille cubes de glace impossible à faire fondre. Cinquante tubes de crème solaire garantie jusqu'à 100°C. Deux mille chemises de nuit en toile d'araignée. 'L'interprétation de vos mirages les plus secrets', deux cent cinquante exemplaires. Et mille brosses spéciales nettoyage des cactus. Formidable!"

Sylvie met les deux commandes sur l'ordinateur et prépare les bons de livraison. Mais dès que Sylvie quitte la pièce, Contetout se dépêche de changer les adresses et les quantités. Heureusement, Sylvie la surprend.

"Vous avez tout changé! Remettez tout en ordre, ou j'irai en parler à M. Lebosse.

– Tu ferais mieux de me laisser faire et de ne rien dire. Tu voudrais que Lebosse apprenne que tu es la nièce de Méchon, de chez Plusgros? Tu veux qu'il s'imagine que tu fais de l'espionnage industriel pour le compte de son plus dangereux concurrent?

– Comment savez-vous que M. Méchon est mon oncle?

– Ah, j'ai mes secrets, moi aussi! Ne t'inquiète pas, ma petite Sylvie. Tu te tais sur ce que tu viens de voir et je ne dis rien de tes affaires. OK?" Contetout sourit.

"Mais je ne l'ai pas vu depuis des années. Je n'ai rien à voir avec lui," répond Sylvie.

"Et tu t'imagines que Lebosse croira ton histoire? Il hait Méchon, il est prêt à croire tout ce qu'on dira sur son rival. Ça te vaudrait ta place."

Sylvie est horrifiée par la jalousie de Marilyn et décide de ne rien dire à M. Lebosse.

VEUILLEZ AGREER, CHER MONSIEUR

1. On le jette?
DOCUMENTATION

Dans le courrier qui arrive au bureau tous les jours il y a des lettres de toutes sortes: celles que vous attendez, les lettres d'affaires, et les autres, par exemple, des circulaires ou de la publicité.

Amicale Marius Berliet
des médaillés d'ancienneté

RENAULT VEHICULES INDUSTRIELS

```
                              C.B.D.T.
                              Chemin des Pressoudes
                              ARGILES
                              74370 PRINGY
```

A l'attention de Monsieur Pierre ROUX

Messieurs,

Nous nous permettons de vous renouveler notre demande concernant une éventuelle partici- pation de votre part à un spectacle, l'après-midi, lors de notre journée qui se déroulera à ANNECY le samedi 21 juin 1987.

Ci-joint, copie de notre premier courrier sur lequel figure le programme de notre journée.

Nous vous remercions d'une réponse rapide de votre part, et dans cette attente, nous vous prions de croire, Messieurs, à l'assurance de nos salutations les meilleurs.

LE VICE PRESIDENT

J. Brion

Madame, Monsieur,

Vous avez participé à l'un de nos séjours programmés dans la brochure du C.C.E. de la B.N.F. Nous espérons que vous avez passé d'agréables vacances et afin de toujours mieux satisfaire nos participants, nous souhaiterions connaître vos appréciations sur ce séjour:

Votre nom: _____

Programme: _____

Séjour du   au

	Très bon	Bon	Moyen	Médiocre
Prestations aériennes				
Transferts sur place				
Hôtel/Cottage				
Restauration				
Animation				

Remarques que vous jugez utile de nous communiquer: _____

_____

_____

Nous vous serions reconnaissants de retourner ce question-naire à l'adresse suivante: DUFOUR - 67 rue de Landes - 75009 PARIS

MERCI DE VOTRE COLLABORATION

LEGI SOCIAL

54, rue de Chabrol 75010 Paris
Tél. 48.40.80.44
R.C.S. Paris B 552 072 308

Cher(e) abonné(e)

Votre abonnement se termine avec le prochain numéro de LEGI SOCIAL.

Pour continuer à recevoir l'ensemble des services de notre documentation, il vous suffit de nous faire parvenir le bulletin ci-joint accompagné de votre règlement.

En 1986, vous constaterez du nouveau dans LEGI SOCIAL. Vous allez, en effet, recevoir en début d'année, avec le Dictionnaire Social que vous connaissez bien, **un mémento de jurisprudence sociale.** Tous les arrêts importants de la Cour de cassation résumés et classés par mots-clés alphabétiques. Une véritable "somme" de cas concrets et leurs solutions jurisprudentielles. Cet ouvrage sera, comme le Dictionnaire Social, mis à jour chaque année.

Un nouveau "plus" pour LEGI SOCIAL que, nous l'espérons, vous apprécierez.

Vos tout dévoués.

Y. Chapelain

Y. CHAPELAIN

Exercice 1: *Regardez la documentation.*

Your boss has just received these letters and has no idea whether they are important or just junk mail, because he doesn't speak French. Make a summary of each letter for him in English.

43

2. Des lettres type

RENSEIGNEMENTS

L'EN-TETE
VOTRE NOM
VOTRE ADRESSE

LE NOM ET L'ADRESSE DE
VOTRE CORRESPONDANT
. . . . (votre ville), le . . . (la date)

Vos références:
Nos références:
Objet:

LA FORMULE D'INTERPELLATION

LE CORPS DE LA LETTRE

LA FORMULE DE POLITESSE

LA SIGNATURE

*p.j. (Vous mettez ceci si vous envoyez quelque chose avec la lettre. Ça veut dire **pièces jointes**.)*

EXPRESSIONS INDISPENSABLES

1. La formule d'interpellation

Une lettre commence avec la formule d'interpellation.

Monsieur,	Cher Monsieur,
Madame,	Chère Madame,
Messieurs,	Cher Monsieur Durand,
M. le Président,	Chère Madame Dupont,
Mme la Directrice,	

Attention! Madame **le** chef de service
Madame **le** Président Directeur Général

2. La formule de politesse

La lettre se termine avec une formule de politesse qui doit correspondre à l'interpellation.

Nous vous prions de croire, Messieurs, à l'assurance de nos salutations les meilleures.
Nous vous prions d'agréer, Madame, l'expression de nos sentiments les plus distingués.
Sincèrement vôtre.
Amicalement vôtre. (quelqu'un que vous connaissez)
Votre dévoué. (un client ou un supérieur)

Exercice 2: *Lisez les expressions indispensables.*

When you end a letter in French, you send either **salutations** or **sentiments**. Look at all the letters in this unit; there is a letter of enquiry and an answer, and correspondence between companies and their clients. Make a list of the different opening and closing phrases.

Exercise 3: Some mistakes were made when this letter was translated from English into French. How would you correct:
- the layout
- the dates
- any mistakes in the language

2e Avril 19 . .

Le Club d'automobiles de l'Ouest
72040 Le Mans Cedex

Chers Messieurs
Je voudrais aller voir les courses d'automobiles à Le Mans, qui avoir lieu le weekend du quinze et seize Juin.
Je voudrais faire le camping dans le circuit. Pouvez-vous m'informer comment je peut achéter ce permit et le coût.
Veuillez agréer messieurs l'assurance de mes sentiments distingués.

J MANNING (Monsieur)

---

3. Le langage commercial
DOCUMENTATION

PARIS, le

M

Nous avons le plaisir de vous rappeler que la réunion, pour
la session   aura lieu le   à nos bureaux
à

Nous tenons à vous signaler que votre présence est absolument
nécessaire.

Dans l'attente du plaisir de vous revoir,

Nous vous prions d'agréer, M   , l'expression de nos
sentiments les meilleurs.

Paris, le

M

Nous accusons bonne réception de votre demande de candidature pour
un poste

Nous avons le plaisir de vous   annoncer que votre curriculum vitae
a attiré toute notre attention.

Toutefois, un entretien approfondi   en nos bureaux serait souhaitable
et ce si possible avant le

Nous vous saurions donc gré de nous contacter afin de convenir d'un
rendez-vous.

Dans l'attente du plaisir de vous recevoir,
Veuillez agréer, M   ,l'expression de nos sentiments distingués.

EXPRESSIONS INDISPENSABLES

Des phrases type

Au début de la lettre:
- J'ai bien reçu votre lettre du 20 février.
- Nous accusons réception de votre courrier . . .
- En réponse à votre courrier du . . .

Après une réunion ou un coup de fil:
- Faisant suite à nos entretiens . . .
- Suite à notre conversation téléphonique de ce jour . . .
- Suite à la réunion qui a eu lieu aujourd'hui . . .

On vous demande quelque chose:
- Veuillez prendre rendez-vous/contact avec . . .
- Nous vous serions reconnaissants de . . .
- Nous vous saurions gré de . . .

On vous envoie quelque chose:
- Veuillez trouver ci-joint un exemplaire de . . .
- Vous trouverez ci-joint une documentation complète.

Des remerciements:
- Nous vous remercions de la documentation sur . . .

Pour attirer l'attention:
- Nous avons le plaisir de vous rappeler . . .
- Nous tenons à vous signaler que . . .

En confirmation:
- Nous vous confirmons que . . .

Pour finir:
- En l'attente de vous lire, je vous prie d'agréer . . .
- Dans l'attente du plaisir de vous recevoir, nous vous prions d'agréer . . .
- Avec nos remerciements, veuillez agréer . . .

Exercice 4: *Lisez les expressions indispensables.*

You have to write some routine letters to various French-speaking clients for Mr John Brown, the managing director.

A. You are writing to the managing director of a company following a telephone conversation with his secretary to confirm his visit to your company on 24th September. Say you are looking forward to meeting him.
B. You have telephoned a company asking for information. They have replied but forgotten to enclose any documentation. Thank them for their letter. Draw their attention to the fact the brochures were not included and say you are looking forward to hearing from them.
C. Thank your correspondent for her letter. Tell her you are enclosing brochures on holiday cottages in Scotland and that you are looking forward to hearing from her.

Exercice 5: *Regardez la documentation.*

Translate the letters on page 46 into English. Try to keep the same style as in the original French by finding the corresponding English phrases.

EXPRESSIONS INDISPENSABLES

Il y a certaines expressions dans la correspondance française dont la traduction n'est pas très évidente, par exemple:

– au sujet de
– à l'occasion de
– au cas où
– afin de
– à titre de
– faire l'objet de
– par l'intermédiaire de

Exercice 6: *Lisez les expressions indispensables.*

Cherchez les expressions dans le dictionnaire et traduisez les phrases suivantes en français.
A. I left a brochure, when I came to your offices last Monday.
B. We acknowledge your letter concerning your hotel booking.
C. If you have not received our sales brochures, please telephone Mr Brown on extension 75.
D. Could you telephone Mr Dupont to sort out the problem as soon as possible?
E. Orders can be placed through our regional office in Manchester.
F. With reference to your letter of 24th June regarding your order for boxes, we are sending a confirmation of the size today.
G. This list is for information only.

4. Quelle est la date?

QUESTIONS DE LANGUES

Comment écrire la date

1. Dans l'en-tête de la lettre, la date s'écrit:
   – Paris, le 19 mars
   – Paris, mercredi 19 mars
   N'oubliez pas de mettre le nom de la ville avec la date.
2. Dans le texte de la lettre, la date s'écrit:
   – . . . votre lettre du 1er juin.
   – La réunion a lieu le 11 juillet.
   N'oubliez pas d'écrire les jours de la semaine et les mois de l'année avec une lettre minuscule.

Exercice 7: *Lisez les questions de langue.*

Translate into French.
A. For the date at the top of the letter:
   – 18th May (use the name of the town where you live)
   – 24th January (use the name of the town where you live)
   – Monday, 15th September (use the name of the town where you live)
   – Manchester, 14th February
B. As part of the letter:
   – your letter of 13th November
   – the meeting which took place on 8th April
   – your telex of 1st December
   – your visit of 4th May
   – the meeting will be held on 22nd January

5. Demandes . . .

DOCUMENTATION

Ets Vallon
12 rue Grenelle
CH-1224 GENEVE 3
Switzerland

Brompton, le 15 novembre 19..

A l'attention du service des ventes

Messieurs,

Suite à votre annonce dans la revue Building Development, dans laquelle vous proposez de représenter en Afrique francophone des entreprises de construction de maisons et d'immeubles, nous vous écrivons afin d'obtenir de plus amples renseignements.

Nous sommes une société spécialisée dans la construction de maisons préfabriquées, adaptées au climat tropical (voir la brochure ci-jointe). Nous sommes bien établis au Bénin et au Niger, et nous sommes en train de prospecter les marchés dans d'autres pays francophones. Peut-être pourrions-nous étudier l'éventualité d'une coopération entre nos deux sociétés.

Veuillez nous fournir les détails suivants:

1. Un résumé de vos opérations en Afrique francophone.

2. Les pays où votre société est installée.

3. Les services offerts par votre société.

4. Vos conditions (commissions, etc.)

Dans l'attente de vous lire, nous vous prions d'agréer, Messieurs, l'expression de nos sentiments distingués.

P.A. Jones
Managing Director

p.j.

Exercice 8: *Regardez la documentation.*

Make a summary of this letter in English.

6. . . . et réponses

DOCUMENTATION

ELECTRICITE DE FRANCE

2, rue Louis-Murat 75384 PARIS CEDEX 08

Direction Générale
SERVICE DE L'INFORMATION
ET DES RELATIONS PUBLIQUES

Mademoiselle C. H. DELL

VOS REFERENCES :

NOS REFERENCES :
Interlocutrice : **Colette CALLEBAUT**

PARIS.
LE *19 Septembre 19..*

OBJET :
Demande de documentation

Mademoiselle,

En réponse à votre courrier en date du 10 Septembre 19..

☐ *nous avons le plaisir de vous expédier les documents demandés*

☐ *nous vous signalons que le(s) document(s) suivant(s) sont :*

-
-
-
-
-
-
-

. en cours de réédition, prière de renouveler votre demande ultérieurement ☐

. épuisé(s) définitivement ☐

☐ *vous trouverez, ci-joint, le répertoire "l'Electricité en France" pour un choix éventuel*

☒ *votre demande a été transmise au Service, ci-dessous, qui ne manquera pas d'y donner suite dans les meilleurs délais.*

En vous remerciant de l'intérêt que vous portez à nos publications, nous vous prions d'agréer, Mademoiselle, l'expression de nos sentiments distingués.

Direction EDF International
Documentation
68, rue du F§ S⟨t⟩ Honoré
75008 - PARIS

Le Chef de Subdivision

Pierre CASTADERE

Exercice 9: *Regardez la documentation.*

Expliquez la lettre de réponse en français.
A. Est-ce que les documents demandés ont été expédiés?
B. Est-ce qu'un répertoire est joint à la lettre?
C. Qu'est-ce qu'on a fait de la demande envoyée?

7. On vous invite

EXPRESSIONS INDISPENSABLES

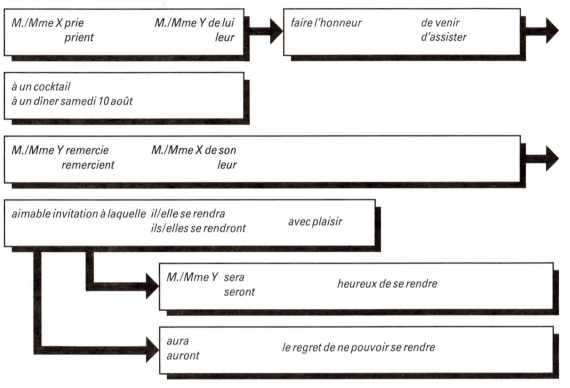

| M./Mme X prie | M./Mme Y de lui | → | faire l'honneur | de venir |
| prient | leur | | | d'assister |

à un cocktail
à un dîner samedi 10 août

| M./Mme Y remercie | M./Mme X de son | → |
| remercient | leur | |

aimable invitation à laquelle il/elle se rendra
ils/elles se rendront   avec plaisir

M./Mme Y sera   heureux de se rendre
          seront

aura   le regret de ne pouvoir se rendre
auront

Exercice 10: Lisez les expressions indispensables.

Lisez cette invitation et écrivez une réponse en français.

> M. et Mme Jean Dubois
> prient M. et Mme Philippe Merlot
> de leur faire l'honneur de venir dîner
> le samedi 8 avril à 8h30
>
> R.S.V.P.

8. On se fâche

DOCUMENTATION On reçoit parfois des lettres de
réclamations de clients qui ne sont pas
satisfaits des services qu'a offerts une
société.

Lyon, le 10 septembre 19..

Messieurs,

Notre fille, Muriel Vanneau, vient de faire un séjour
linguistique en Grande Bretagne dans la famille Collins.
Nous nous permettons de vous faire part de quelques problèmes
qu'a rencontrés notre fille pendant son séjour.
Muriel a un appétit très délicat et nous avions insisté
expressément qu'on la mette dans une famille qui puisse
assurer une alimentation correcte. Ce qui n'a pas été le cas : Muriel
n'a rien mangé pendant quinze jours et a maigri d'un kilo!
Second problème : Muriel a dû attendre une semaine entière avant
que Madame Collins lui donne son argent de poche.
Au cours des réunions préparatoires avant le départ de Muriel,
vous nous aviez assurés que la famille Collins était l'une de vos
meilleures familles et que Muriel y passerait un séjour très agréable.
Nous aimerions donc avoir quelques explications sur les problèmes
mentionnés ci-dessus.

Dans l'attente de vous lire, nous vous prions d'agréer, Messieurs,
l'expression de nos sentiments distingués.

P. Vanneau

Exercice 11: *Regardez la documentation.*

You work in a British agency that deals with residential English-language courses
for young French people. Your organisers in France have told you about a
complaint from the parents of a student who was on one of your courses and have
sent you a copy of the letter. Translate the letter into English.

DOCUMENTATION

Monsieur,

Nous accusons réception de votre courrier en date du 10 septembre dernier qui fait suite aux multiples entretiens que nous avons eus courant août.

Il semble que votre fille ait éprouvé des difficultés d'adaptation dans cette famille avec laquelle nous collaborons sans problème depuis plusieurs sessions. Dès le 16 août, nous vous avions proposé que Muriel soit changée d'hôtes. Madame Jones, notre responsable locale, a donc effectué une enquête afin d'examiner la situation. Votre fille lui a affirmé être satisfaite, ne désirant pas changer de famille, et devait vous appeler immédiatement...

Quant aux habitudes alimentaires anglaises, certes très différentes des nôtres, et au comportement de Mr. et Mrs Collins, Mademoiselle BARTEAU Catherine, séjournant dans la même famille en juillet pensait (cf. le rapport de fin de séjour ci-joint) : La famille Collins "a été très sympathique avec moi. La nourriture qu'elle me fait est très bonne. Ils m'ont fait connaître leurs amis. Je me plaisais dans ma famille".

Quant au problème d'argent de poche, s'il est vrai que celui-ci a été remis tardivement à Claire, Madame Jones s'en était justifié puis excusé auprès de votre fille.

Nous vous prions d'agréer, Monsieur, l'expression de nos sincères salutations.

Madame,

Nous avons eu connaissance du problème que vous avez rencontrés lors de votre séjour aux Baléares par le C.C.E. de la B.N.F. et déplorons très vivement au'il ait nuit au bon déroulement de votre séjour.

Il s'agit là d'une erreur du service de réservation de l'hôtel, alors que nous avions reçu la confirmation à notre réservation pour une single.

Par conséquent, via le C.C.E. de la B.N.F., nous effectuons une déduction sur le montant que vous deviez régler à savoir que nous vous remboursons la différence entre une single et une double.

Espérant que vous ne nous en tiendrez pas trop rigueur, nous vous prions d'agréer, Madame, l'expression de nos sincères salutations.

Exercice 12: *Regardez la documentation.*

Read these letters and find out the phrases that you would use:
- to apologise
- to tell someone it is not your fault
- to propose a refund

Jeu de rôle: *Avec une partenaire.*

M. Vanneau, le père de Mlle Vanneau, téléphone à vos bureaux; il est en colère. Imaginez la conversation.

Dossier spécial

If there are any words you don't know, look them up in a dictionary.

Situation A After the visit of the French-speaking delegation to your company, you receive a number of letters of complaint from the visitors about the arrangements (see Worksheet 12.)

What you have to do In English, prepare a report on the visit for your boss. Also make recommendations for improvements in these areas for future visits:
- accommodation
- arrangements for lunch
- transport
  Prepare replies in French to the letters of complaint.

Situation B You have to telephone various companies in French-speaking countries and ask for some information about the companies.

What you have to do Work with a partner.
A. You take the roles of Public Relations officers for various French firms (see Worksheet 12.)
B. You have to telephone various French companies and speak to the Public Relations officer at each, in order to obtain the following information:
- the company's address
- the telex number (you already have the telephone number)
- the services and types of products
- the addresses and phone numbers of their other branches
- any sales brochures available
  Make notes on what the Public Relations officer says and write up the information in English in a memo to the sales manager of your company.

   L'OREILLE EN COIN

Les commandes ont été envoyées, mais aux mauvaises adresses. Les manteaux de fourrure dans le désert et les cubes de glace au Pôle Sud. Quelques jours plus tard arrivent des télex de réclamations, suivis de coups de téléphone de clients en colère et de lettres dans lesquelles les clients menacent de passer leurs commandes à la concurrence. "Nous avons eu l'extrême déception de recevoir des articles qui ne correspondent en rien à notre commande. Vos prix sont assez élevés et devraient comprendre une garantie contre de telles erreurs. Nous espérons qu'à l'avenir vos services seront plus efficaces, sinon, nous nous verrons dans l'obligeance de demander leurs services à la société Plusgros . . ." M. Lebosse demande à Max de se renseigner sur les causes du problème. Max vérifie les commandes sur l'ordinateur et découvre que tout a été changé.

"Il semblerait que les quantités et les adresses aient été mélangées sur l'ordinateur.
– Et qui s'est occupé de ces commandes?
– C'est Sylvie. Je ne comprends pas comment elle a pu faire une erreur pareille. C'est comme si elle l'avait fait exprès.
– Ecoutez. Essayez de voir avec elle ce qui s'est passé," dit M. Lebosse en colère.

SE RENSEIGNER

1. Dans le dictionnaire	Using a dictionary
2. Les journaux et les revues	Information from newspapers and magazines
3. Les petites annonces	Reading classified adverts
4. Se renseigner sur une entreprise	Finding out information about a company
5. La documentation d'une entreprise	Company brochures
6. Où s'adresser?	Writing for information

Expressions indispensables	– writing to ask for information: page 63
Questions de langue	– translating the English passive into French: page 61

1. Dans le dictionnaire

RENSEIGNEMENTS

Vous avez une phrase à traduire en français:

"Production this year has increased due to export orders."

Vous ne savez pas comment traduire le mot "order" en français. Vous cherchez donc dans un dictionnaire anglais-français. Vous trouverez peut-être ceci:

> **order 1** *n* ordre *(m)*; commande *(f)*; ordonnance *(f)*; permis *(m)*; bon *(m)*. **2** *vtr* commander; demander; commissionner; faire/passer une commande.

Chaque mot anglais a plusieurs équivalents en français. Vous devez donc vérifier la signification de chaque mot français dans un dictionnaire français-anglais. Pour le mot "order" l'un des équivalents français donnés est **ordre**. Si vous cherchez **ordre** dans un dictionnaire français-anglais, vous trouverez:

> **ordre** *nm* **(a)** *(commandement, directive)* order. **(b)** *(Mil)* order, command. **J'ai reçu des ordres** I have received orders. **(c)** *(Comm, Fin)* order. **à l'ordre de** payable to, to the order of; **chèque à votre ordre** cheque made out to you, cheque payable to you. V **commands**.

Vous avez trouvé une traduction commerciale du mot **ordre (c)** mais les exemples donnés ne correspondent pas à la phrase que vous devez traduire. Ce n'est pas le bon mot. Cherchez le mot **commande** dans le dictionnaire. Vous trouverez :

> **Commande** *nf* (a) *(Comm)* order. **passer**
> **une commande** to put in an order
> *(de/*for); **il faut livrer la commande lundi**
> you must deliver the order on Monday.

Les exemples vous montrent que c'est le mot **commande** qu'il vous faut.

La traduction de votre phrase est :

Grace à des commandes pour l'exportation la production a augmenté cette année.

En général, il est plus facile de chercher les mots techniques ou commerciaux dans un dictionnaire spécialisé.

RENSEIGNEMENTS

Extracts from the Collins Robert French Dictionary :

order [ˈɔːdəʳ] **1** *n* **(a)** (*U: disposition, sequence*) ordre *m*. **word ~ ordre des mots; what ~ should these cards be in?** dans quel ordre ces cartes devraient-elles être?; **in ~ of merit** par ordre de mérite; (*Theat*) **in ~ of appearance** par ordre *or* dans l'ordre d'entrée en scène; **the cards were out of ~** les cartes n'étaient pas en ordre; **to put in(to) ~** mettre en ordre, agencer, classer; [*papers etc*] **to get out of ~** se déclasser; **it is in the ~ of things** c'est dans l'ordre des choses; **the old ~ is changing** l'ancien état de choses change; *V* **battle, close**[1] *etc*.
(b) (*U: good ~*) ordre *m*. **he's got no sense of ~** il n'a aucun (sens de l')ordre; **in ~ room etc** en ordre; *passport, documents* en règle; **to put one's room/one's affairs in ~** mettre de l'ordre dans sa chambre/ses affaires, mettre sa chambre/ses affaires en ordre; (*US*) **in short ~** sans délai, tout de suite; **machine out of ~** *or* **not in (working** *or* **running) ~** machine en panne *or* détraquée; (*Telec*) **the line is out of ~** la ligne est en dérangement; **to be in running** *or* **working ~** marcher bien, être en bon état *or* en état de marche.
(c) in ~ to do pour faire, afin de faire; **in ~ that** afin que + *subj*, pour que + *subj*.
(d) (*correct procedure: also Parl*) ordre *m*. (*Parl*) **~, ~!** à l'ordre!; (*Parl etc*) **to call sb to ~** rappeler qn à l'ordre; (*Parl etc*) **(on a) point of ~** (sur une) question de droit *or* de forme, (sur un) point de droit *or* de procédure; **is it in ~ to do that?** est-il permis de faire cela?; **would it be in ~ for me to speak to her?** serait-il approprié que je lui parle? (*subj*); **his request is quite in ~** sa demande est tout à fait normale *or* dans les règles; (*hum*) **a drink seems in ~** un verre (de quelque chose) me semble tout indiqué.
(e) (*peace, control*) ordre *m*. **to keep ~** [*police etc*] faire régner l'ordre, maintenir l'ordre; [*teacher*] faire régner la discipline; **she can't keep her class in ~** elle n'arrive pas à tenir sa classe; **keep your dog in ~!** surveillez *or* tenez votre chien!; *V* **law** *etc*.
(f) (*Bio*) ordre *m*; (*social position*) classe *f*; (*kind*) ordre, sorte *f*, genre *m*. (*social rank*) **the lower/higher ~s** les classes inférieures/supérieures; (*fig*) **of a high ~** de premier ordre; **of the ~ of 500** de l'ordre de 500.
(j) (*command*) ordre *m*, commandement *m*, consigne *f* (*Mil*). **sealed ~s** instructions secrètes; **to obey ~s** obéir aux ordres, observer *or* respecter la consigne.

(k) (*Comm*) commande *f*. **made to ~** fait sur commande; **to give an ~ to sb (for sth), to place an ~ with sb (for sth)** passer une commande (de qch) à qn; **we have the shelves on ~ for you** vos étagères sont commandées; (*Comm, fig*) **to do sth to ~** faire qch sur commande; *V* **repeat, rush** *etc*.
(l) (*warrant, permit*) permis *m*. **~ to view** permis de visiter.
(m) (*Fin etc: money ~*) mandat *m*. **pay to the ~ of** payer à l'ordre de; **pay X** *or* **~** payez X ou à son ordre; *V* **banker, postal** *etc*.
2 *cpd*: (*Comm, Ind*) **order book** carnet *m* de commandes; (*Ind*) **the company's order books were full** les carnets de commandes de la compagnie étaient complets; (*Comm*) **order form** billet *m* *or* bon *m* de commande; (*Brit Parl*) **order paper** ordre *m* du jour.
3 *vt* **(a)** (*command*) ordonner
(b) (*Comm*) *goods, meal* commander; *taxi* retenir.
(c) (*put in ~*) *one's affairs etc* organiser, régler.
4 *vi* (*in restaurant etc*) passer sa commande.

production [prəˈdʌkʃən] **1** *n* **(a)** (*U: V* **produce 1a**) production *f*; *fabrication f*; (*output*) rendement *m*. **to put sth into ~** entreprendre la production *or* la fabrication de qch; **to take sth out of ~** retirer qch de la production; **the factory is in full ~** l'usine *f* tourne à plein rendement; **car ~ has risen recently** la production automobile a récemment augmenté.
(b) (*U: showing: V* **produce 1b**) production *f*, présentation *f*. **on ~ of this ticket** sur présentation de ce billet.
(c) (*act of producing: V* **produce 1d**) (*Theat*) mise *f* en scène; (*Cine*) production *f*; (*Rad*) mise en ondes, réalisation *f*; (*TV*) mise en scène, réalisation. (*Theat*) **'Macbeth': a new ~ by ...** 'Macbeth': une nouvelle mise en scène de ...; (*fig*) **he made a real ~ out of it*** il en a fait toute une affaire *or* tout un plat*.
(d) (*work produced*) (*Theat*) pièce *f*; (*Cine, Rad, TV*) production *f*; (*Art, Literat*) production, œuvre *f*.
2 *cpd*: (*Ind*) **production line** chaîne *f* de fabrication; **he works on the production line** il travaille à la chaîne; **production line work** travail *m* à la chaîne; **production manager** directeur *m* de la production.

Exercice 1: *Lisez les renseignements.*

Translate the text below into French. Try to improve the style, in French, so that you avoid repeating words as many times as in the original English.

"Our production department has expanded thanks to our new production plant with its new production line, making production easier. The rate of production has increased by 25% and production costs have decreased. As you know, our old system was often out of order. We are now able to fill our orders more quickly with machinery in good working order."

Exercice 2: *Lisez le texte ci-dessous.*

> **CHÈQUE:** *CHEQUE*
> Toute personne disposant d'un compte approvisionné auprès d'un établissement bancaire ou à la poste peut se servir de chèques comme moyen de paiement. Un chèque est un ordre de payer à vue une somme déterminée, soit au porteur, soit à une personne nommée. Un chèque peut être inscrit au crédit d'un compte. Il est également possible de recevoir un paiement en espèces au comptoir d'un établissement bancaire ou au guichet d'une poste.
> Le chèque peut être:
> – au porteur (bearer cheque)
> – à ordre: payable à la personne nommée (order cheque)
> – barré: il ne peut être payé qu'à une banque (crossed cheque)
> – certifié: le tireur demande à sa banque de bloquer le montant du chèque et d'en certifier la provision, pour donner plus de garantie au bénéficiaire (certified cheque).

Using a dictionary, translate this definition of a cheque into English.

Exercice 3: *Lisez l'exercice 2.*

Using the information given in Exercice 2, compile an English-French list of specialist banking terms relating to cheques, which would be useful for your colleagues in the export department.

2. Les journaux et les revues

RENSEIGNEMENTS

Pour trouver des informations sur un sujet précis dans le journal, cherchez la bonne rubrique dans la liste des rubriques.

Exercice 4: *Lisez les rubriques.*

You are looking in the newspaper for information on various topics. Write down on what page would you find:
– a weather report
– times of television programmes
– stock exchange news
– woman's page
– news about politics
– behind the scenes news about Paris

nos rubriques

ARTS (34) ■ BOURSE (22) ■ BRIDGE (33) ■ CARNET DU JOUR (30, 31) ■ CHRONIQUE (34) ■ COURSES (15, 16) ■ ÉCHECS (33) ■ ÉCONOMIE-FINANCES (17 à 24) ■ ÉTRANGER (2, 3) ■ GUIDE DE PARIS (29) ■ JOURNÉE (33) ■ LETTRES (34) ■ LOISIRS (25 à 28) ■ MÉDECINE (31) ■ MEDIA-PUBLICITÉ (33) ■ MÉTÉOROLOGIE (28) ■ MOTS CROISÉS (33) ■ NOTRE VIE (12) ■ PARIS-COULISSES (37) ■ PETITES ANNONCES (32) ■ POLITIQUE (4 à 11) ■ RADIO-TÉLÉVISION (37, 38, 39) ■ SCIENCES (31) ■ SPECTACLES (35, 36) ■ SPORTS (13, 14) ■ SPORTS ÉQUESTRES (16) ■ VIE CULTURELLE (34) ■ VIE AU FÉMININ (29).

Avec l'aimable autorisation du journal Le Figaro. © Le Figaro

DOCUMENTATION

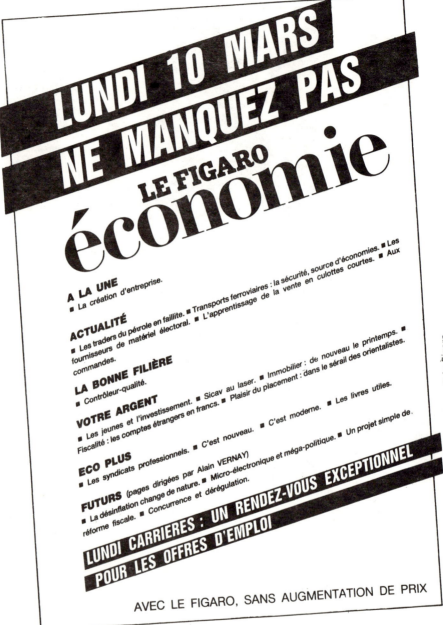

LUNDI 10 MARS
NE MANQUEZ PAS
LE FIGARO
économie

A LA UNE
■ La création d'entreprise.

ACTUALITÉ
■ Les traders du pétrole en faillite. ■ Transports ferroviaires : la sécurité, source d'économies. ■ Les fournisseurs de matériel électoral. ■ L'apprentissage de la vente en culottes courtes. ■ Aux commandes.

LA BONNE FILIÈRE
■ Contrôleur-qualité.

VOTRE ARGENT
■ Les jeunes et l'investissement. ■ Sicav au laser. ■ Immobilier : de nouveau le printemps. ■ Fiscalité : les comptes étrangers en francs. ■ Plaisir du placement : dans le sérail des orientalistes.

ECO PLUS
■ Les syndicats professionnels. ■ C'est nouveau. ■ C'est moderne. ■ Les livres utiles.

FUTURS (pages dirigées par Alain VERNAY)
■ La désinflation change de nature. ■ Micro-électronique et méga-politique. ■ Un projet simple de réforme fiscale. ■ Concurrence et dérégulation.

LUNDI CARRIERES : UN RENDEZ-VOUS EXCEPTIONNEL
POUR LES OFFRES D'EMPLOI

AVEC LE FIGARO, SANS AUGMENTATION DE PRIX

Exercice 5:   *Lisez la documentation.*

You work for an electronics company in the UK which is planning to set up a new branch in France. You are interested in finding out about the state of the electronics industry over there, about banking arrangements and transport for your products.

Which of these articles sound as if they might be useful sources of information? Which others would help you keep in touch with the general economic situation in France?

3. Les petites annonces
DOCUMENTATION

Paraît dans « La Dernière Heure/Les Sports », « L'Avenir du Tournaisis », « La Libre Belgique », « La Gazette de Liège » et « Belgique Numéro 1 » / Bruxelles.
888.200 LECTEURS et LECTRICES

TARIFS ● sur grande colonne de 45 mm. de largeur :
jusqu'à 10 lignes............................. 105.—F la ligne
au-dessus de 10 lignes.................. 100.—F le mm/col.

Les annonces sont reçues aux bureaux des journaux ou par téléphone de 8 à 17 heures au (02) 217.01.17.

TERRAINS

NAMUR, 2 terr. (contigus). 44 m faç. chacun × 35 m, près autor. E 40 / E 41. 660 F/m2 - T. 02/734.03.19.

APPARTEMENTS

6

WATERMAEL-BOITSFORT, appt récent (1979) près métro et bus, vue sur parc., liv., cuis., 3 ch., sdb pl., belles terrasses, 2 gar., état im-pecc., 3.500.000 F. IMMO SATUR-NE - T. 358.69.48 - 358.69.95.

A I. SCHAERBEEK, 127, r. Dr E. Lambotte, 3e ét., 3 p. + douche, 6.000 F + chauff. **VAN ROKEGHEM** - T. 649.00.82.

COMMERCES

50

Diététique, tr. b. commerce, pl. act., à céd., **EVERE** - T. 377.31.59. **Roose & Serneels.**

Café + superette + station ess. pl. act., à sais., rég. CHIMAY - T. 02/377.31.59. **Roose & Serneels.**

Chauffagiste, plombier renommé dep. + 20 ans, remet. sa clientèle - T. 02/377.31.59.

EMPLOIS
OFFRES

85

BASTOGNE, Hôtel-restaur., dem. Dame min. 30 a. p. entret. et serv. de table et j. fille p. serv. de table. même début. Apprenti(e) sous con-trat. Logés, nourris + commission - T. 062/21.12.53 ou 21.25.78.

Importateur de peinture, demande représentant indépendant pour la Wallonie - T. 011/52.14.30.

A.S.B.L. camp., vac. jnes, dem. collaborateur, Pâques, juillet, ao , licencié(e) ou régent(e) germani-que ou franç., instituteur(trice), 18.000 F + logé(e), nourri(e), par mois - T. 065/72.84.90.

CAPITAUX-PRETS
ASSURANCES

52

ALLO. crédit pr tous T. 02/648.08.60.

PRETS - FINANCEMENTS
Tous motifs, sans assur., sans aval. Conditions de faveur, S.C.E., 30, av. Gribaumont, 1150 Bxl. T. 02/762.87.67.

BESOIN D'ARGENT
je vais ess. de vous aider *(pas de miracle).* R. MERTENS, 149, rue du Roetaert à 1180 UCCLE T. 376.43.21.

Exercice 6:   *Regardez la documentation.*

Sous quelle rubrique chercherez-vous les renseignements suivants?
– le nouveau directeur technique a besoin d'un logement
– une amie veut acheter un commerce
– vous voulez emprunter de l'argent
– vous voulez acheter un terrain pour construire des appartements de vacances
– un ami étudiant cherche un emploi pour les vacances

Exercice 7:   *Regardez la documentation.*

Make a list of the abbreviations used in the classified adverts and their meanings. Then make up an advert of your own in French, using these abbreviations where appropriate.

4. Se renseigner sur une entreprise

RENSEIGNEMENTS

Pour se renseigner sur les services, les professions ou les entreprises, il y a toutes sortes d'annuaires. Si vous voulez, par exemple, placer une réclame dans un journal français, vous devez savoir quel secteur du marché vous allez atteindre. Consultez un annuaire spécialisé.

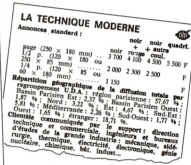

Extraits de Tarif Media, le guide des supports publicitaires de France.

Points de vue: *En groupe.*

La société où vous travaillez a une succursale à Paris. Elle veut faire paraître une annonce pour du personnel technique pour un projet dans un pays francophone d'Afrique de l'Ouest.

Discutez en français et décidez lequel de ces journaux sera le plus approprié pour l'annonce.

Exercice 8: *Lisez les renseignements.*

Préparez un résumé en anglais des points que vous avez discutés et des conclusions que vous en avez tirées pour le bureau central à Londres.

RENSEIGNEMENTS

Extrait des pages jaunes de l'annuaire:

Extrait du Kompass:

Monaco (Principauté de)

AGEDI TRANSACTIONS IMMOBILIERES ET COMMERCIALES GESTION EXPERTISES ET ASSURANCES
26bis bd Princesse Charlotte

SERVICES IMMOBILIERS ET FONCIERS

E Exportation
I Importation

11 Agent commercial d'agents immobiliers ou promoteurs

    b) Intermédiaires en services
12 Agents immobiliers - domaines -grandes propriétés
13 Agents immobiliers Fonds de commerce
14 Agents immobiliers Immeubles de rapport
15 Agents immobiliers Locaux commerciaux

16 Agents immobiliers - Résidences diverses
17 Agents immobiliers - Résidences de luxe
18 Agents immobiliers - Terrains à bâtir
19 Agents immobiliers Usines et terrains industriels
21 Bureaux et locaux industriels
22 Bureaux meublés
24 Cabinets possédant un service contentieux

Légende:

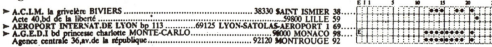

Exercice 9: *Lisez les renseignements.*

Your company is setting up a large office in Monaco. You need an agent to help find office accommodation. In the yellow pages you have found an address which you have then followed up in a business directory.

Using the information from the business directory, compile a short report in English for the managing director giving all the relevant information about this company and its suitability for your company's requirements.

5. La documentation d'une entreprise

QUESTIONS DE LANGUE

There are certain French structures that are translated as a passive in English.

1. **On** + verb

   Exemple: On a reçu le dernier rapport annuel de cette entreprise.
   That company's latest annual report has been received.

2. A reflexive verb

   Exemple: Le chiffre d'affaires s'établit à un million.
   The turnover has been calculated at a million.
   On s'attendait à une chute de la consommation.
   A fall in consumption was expected.

3. The French passive

   Exemple: Cette hausse a été contrebalancée par une plus forte activité dans les pays producteurs.
   This increase has been offset by greater activity in the producing countries.

Exercice 10: *Lisez les questions de langue.*

Ces phrases paraissent dans le rapport annuel d'une entreprise. Traduisez-les en anglais.

A. La comparaison du chiffre d'affaires actuel à celui de l'année dernière, consolidé par famille de produits, fait apparaître une très forte progression des produits chimiques.

B. Les principaux chiffres du rapport de cette année peuvent se résumer et se comparer ainsi par rapport à l'année dernière.

C. Le nouveau conseil, entièrement renouvelé, et composé de quinze membres, nommés ou élus pour cinq ans, se réunira pour la première fois le 29 juin.

D. En ce qui concerne les matières premières achetées, on retrouve la même volonté de privilégier les produits d'origine française.

E. Le budget social du salarié payé dans ces conditions s'exprime ainsi.

F. La Rémunération Mensuelle Garantie instituée par l'accord d'entreprise du 5.12.73 garantit une rémunération qui peut se comparer au S.M.I.C.

DOCUMENTATION

SCIENCE OU MAGIE...

La culture moderne devrait être adaptée à notre environnement humain et technique. Trop souvent et pour trop de nos concitoyens, culture humaniste et culture scientifique s'excluent mutuellement. Il subsiste une bonne dose de mystère, voire de magie, dans nos activités industrielles. Ainsi nous vivons sous le signe de la liquéfaction de l'air et pour beaucoup, ce n'est là qu'un mot vide de sens. Qu'y a-t-il de moins "liquide" que l'air qui nous entoure? Notre industrie joue avec les états de la matière et si elle liquéfie des gaz c'est pour mieux les séparer, les transporter, les distribuer. Une phase essentielle de nos processus industriels reste donc stupéfiante, même si elle est classique et évidente.

Mais à un stade plus élevé de connaissance scientifique on émet parfois des jugements sommaires, aussi dangereux que l'ignorance: tous les gaz usuels sont connus, ce qui ne laisserait à notre société que des activités de perfectionnement technique et de développement de marchés désormais classiques.

La vérité est toute autre. Certes nous vendons des gaz qui s'appellent azote, argon, oxygène, acétylène,... mais, en réalité nous vendons les services que ces gaz ou leurs mélanges bien dosés peuvent apporter. Nous fournissons des "atmosphères" plus ou moins neutres ou réactives appropriées aux opérations que mènent d'autres branches industrielles.

La rupture des équilibres naturels est la rançon de l'ère industrielle. Par son intensification et son extension géographique, la pollution a envahi notre planète, et surtout notre atmosphère.

On retrouve des insecticides dans les neiges de l'Alaska, des détergents dans les rivières, des hydrocarbures dans l'océan, des ordures dans les champs et des oxydes dans l'air.

Face à une nature qui n'est plus inépuisable, l'homme doit préserver les cycles biologiques: son action ne peut connaître de frontières et c'est par la recherche de techniques nouvelles que les équilibres biologiques pourront être maintenus.

●●● Les émissions importantes de polluants dans l'atmosphère dues à la vie urbaine et industrielle combinées aux conditions météorologiques entraînent trop souvent des situations défavorables à la vie humaine ou animale.

Il s'agit donc d'éviter la pollution par la mise au point de nouveaux procédés de fabrication, par l'élimination des impuretés nuisibles des matières premières, et par l'épuration de tous les rejets gazeux, liquides ou solides qui contiennent des éléments polluants, en les traitant à la sortie des usines.

Divers procédés permettent de récupérer de l'énergie des matières premières à partir de déchets liquides, pâteux ou solides sans polluer l'atmosphère. Ainsi il est possible de récupérer des pneus et de les transformer en poudre qui servira ensuite au revêtement des routes ●●●

Dans la cuisine de demain... la nourriture de chaque jour ne sera sans doute pas faite d'aliments synthétiques en pilules, d'algues en sorbets, ni de steack de protéines tirées du pétrole et stérilisées sous rayonnement.

Pour nourrir l'humanité de demain, il faudra développer encore les ressources nutritionnelles de la terre par la fertilisation des sols, la protection chimique des plants et des récoltes, la sélection des variétés les plus productives.

La prolongation de la durée de vie des denrées et la conservation de leurs qualités initiales de produits frais seront permises par l'utilisation du froid et des atmosphères de protection.

●●● Indispensables à la vie, les gaz trouvent des applications de plus en plus nombreuses en agriculture et dans les industries de l'alimentation.

Concurremment aux modes de conservation traditionnels apportés par le froid mécanique ou le vide, les basses températures offrent des sources de frigories favorables à la conservation des aliments et permettent d'améliorer très sensiblement la préparation et le transport de presque tous les produits agro-alimentaires.

De même, certains gaz, notamment l'azote, interviennent en complément des procédés classiques de réfrigération, car ils apportent une atmosphère neutre et protectrice ●●●

Exercice 11: *Regardez la documentation.*

Write a short account in English explaining some of the activities of this company as described in the brochure.

Exercice 12: *Regardez la documentation.*

Using a dictionary, prepare your own glossary of the scientific terms in the company brochure.

6. Où s'adresser?

RENSEIGNEMENTS

Si vous avez besoin de renseignements sur une région touristique d'un pays francophone, adressez-vous par écrit ou par téléphone au syndicat d'initiative de la ville principale ou au bureau de tourisme de la région.

EXPRESSIONS INDISPENSABLES

Comment demander des renseignements par écrit

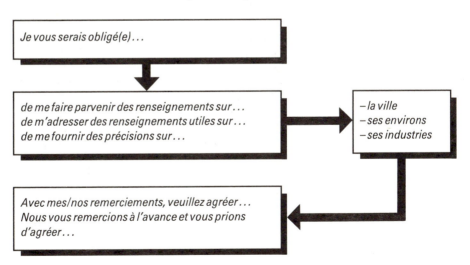

Je vous serais obligé(e)...

de me faire parvenir des renseignements sur...
de m'adresser des renseignements utiles sur...
de me fournir des précisions sur...

– la ville
– ses environs
– ses industries

Avec mes/nos remerciements, veuillez agréer...
Nous vous remercions à l'avance et vous prions d'agréer...

Exercice 13: *Lisez les expressions indispensables.*

You are going on holiday to the Suisse Romande, the French-speaking part of Switzerland. Write a letter to l'Office National du Tourisme in Geneva asking for information about this area.

DOCUMENTATION

Bienvenue au Sénégal, porte de l'Afrique Noire à moins de 6 heures de vol de l'Europe... 450 km de plages de sable fin, une mer tiède tempérée par les courants marins, un climat adouci par les alizés, le soleil 365 jours sur 365... le Sénégal est le pays de rêve de vos prochaines vacances

Un paradis qui, à côté de ses longues plages ensoleillées et de sa mer poissonneuse vous propose la découverte d'un continent fascinant, l'Afrique, avec son passé culturel toujours vivant, le spectacle coloré de ses rues et villages, la diversité et la beauté de ses paysages comme la verdoyante Casamance, la richesse de sa faune dans ses Réserves et Parcs Nationaux...

Mais le Sénégal est aussi terre d'accueil où le mot « Teranga » (bienvenue) trouve toute sa signification dans la gentillesse,

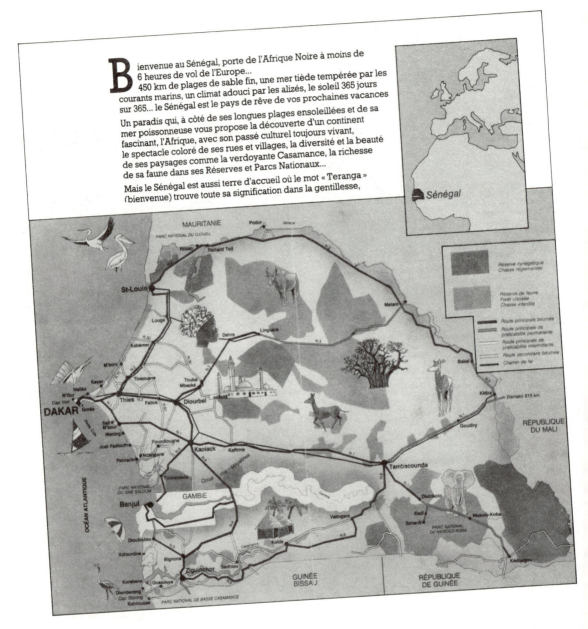

••• la chaleur humaine, la gaieté et l'esprit de tolérance d'un peuple de 6 000 000 d'habitants composé de différentes ethnies (Wolofs, Peuls et Toucouleurs, principalement) regroupées en une seule nation homogène.

Grand comme le tiers de la France, avec pour principales ressources l'agriculture, la pêche et une industrie déjà bien implantée dans certains secteurs de transformation, le Sénégal fut découvert en 1444 par un navigateur portugais, Denis Diaz.

L'île de Gorée (face à Dakar) devient alors une escale privilégiée sur la route des épices, tandis que sur la côte et à l'intérieur du pays s'ouvrent et se développent des comptoirs marchands pour le commerce de l'or, des peaux, de l'ivoire et bientôt la traite des noirs.

Après 300 ans de présence française, le Sénégal accède en 1960 à l'indépendance. Il est aujourd'hui une jeune république démocratique et moderne ouverte sur l'extérieur.

Depuis 1970, le Sénégal consacre un effort important au développement de son tourisme aussi bien balnéaire que de découverte avec la création de nombreux hôtels, campements villageois et l'aménagement de sites comme la nouvelle station de Sali créée à 80 km au Sud de Dakar.

Cette politique conjuguée aux atouts naturels dont bénéficie le pays a permis au Sénégal de devenir douze mois sur douze une des premières destinations du continent africain pour un tourisme de grande qualité.

Ce que l'on peut voir :

Le Palais de la Présidence — l'Assemblée Nationale — le Palais de Justice dont la salle des Pas perdus avec son patio central rappelle les mosquées d'Afrique du Nord — le Musée Ethnographique (ex. I.F.A.N.) dont les richesses trop importantes ne peuvent être détaillées — la Chambre de Commerce et le Ministère des Affaires Etrangères qui restent parmi les derniers bâtiments du Dakar d'autrefois — la Cathédrale — la Grande Mosquée qui est l'un des plus grands et plus beaux monuments religieux de l'Afrique Noire, — le Théâtre national Daniel Sorano qui peut recevoir 1 150 spectateurs — l'Université — les divers marchés de Kermel, Sandaga, Tilène, accueillants, joyeux et pittoresques. On y trouve de tout : l'osier, l'or, le cuivre, des coquillages, des oiseaux merveilleux, dont les prix sont sujets à des longs palabres mais toujours dans une ambiance sympathique —
le marché aux fleurs de Kermel à ne pas manquer le matin.
Enfin, le village artisanal de Soumbedioune sur la corniche ouest de Dakar où vous pourrez admirer ou vous laisser tenter par les produits d'artisanat réalisés sous vos yeux par les nombreux tisserands, bijoutiers, vanniers, cordonniers, réunis pour le plus grand plaisir des touristes.
Dakar, ville de transition entre le modernisme européen et l'Afrique traditionnelle, est une étape indispensable dans la connaissance du monde noir.

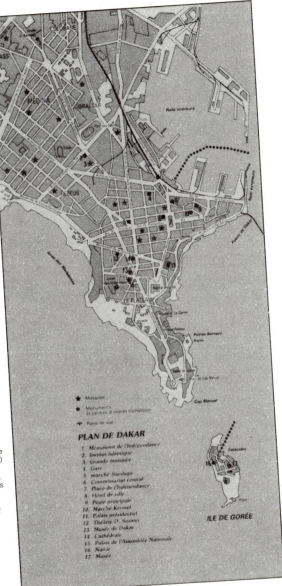

PLAN DE DAKAR

1. Monument de l'Indépendance
2. Institut islamique
3. Grande mosquée
4. Gare
5. marché Sandaga
6. Commissariat central
7. Place de l'Indépendance
8. Hôtel de ville
9. Poste principale
10. Marché Kermel
11. Palais présidentiel
12. Théâtre D. Sorano
13. Musée de Dakar
14. Cathédrale
15. Palais de l'Assemblée Nationale
16. Mairie
17. Musée

ILE DE GORÉE

Exercise 14: *Regardez la documentation.*

You work for a travel company which is considering the possibility of organising tours to Senegal. You have written to the national tourist organisation in Senegal and received some information. Using this information, prepare a report in English for the marketing director. He would like information on:
- people
- industries
- history
- things to do and see (include beaches, museums, etc.)

Dossier spécial

Situation A   Your company is going to set up a factory in France. They have chosen two possible areas. It is your job to do some preliminary research on these areas.

What you have to do
1. Obtain all the data you need.
2. You need to give a breakdown of information on the following:
   - population
   - main cities and towns
   - local industry
   - local companies which may be in competition with yours
   - communications (road, rail, air)

   When you have collected your information, you will have to prepare a report in English for your company, under the headings given above.
3. The company has now chosen a site for the factory. In French prepare a summary of:
   - your company's reasons for choosing the site
   - your company's plans for the new factory to present to representatives of the local chamber of commerce.

Situation B   You work for a holiday firm which wants to expand its operations into a new area in France.

What you have to do   It is your job to choose an area which may be of interest to British tourists. Write to the local tourist organisation asking for information. Prepare a report in English giving the following information:
   - population
   - cities and towns
   - climate
   - places of interest locally
   - accommodation available
   - communications

   L'OREILLE EN COIN

Sous le regard jaloux de Marilyn Contetout, Max s'enferme dans son bureau avec Sylvie.

"Sylvie, qu'est-ce qui s'est passé?

– Rien, je me suis trompée, c'est tout.

– Je ne te crois pas. Tu es tout à fait capable de faire ce travail-là sans erreur. Lebosse ne croit pas non plus que tu te sois trompée."

Sylvie se rend compte que Max et M. Lebosse pensent qu'elle a mélangé les commandes volontairement. Elle éclate en sanglots.

"Sylvie, qu'est ce qu'il y a? Raconte-moi tout. Tu peux me faire confiance.

– C'est Marilyn. C'est elle qui a tout fait. Pour que je me fasse renvoyer.

– Quoi? Quelle garce. Tout ça parce qu'elle est jalouse. Parce que je sors avec toi et pas avec elle.

– Max, il y a autre chose. Daniel Méchon est mon oncle. Je ne l'ai pas vu depuis des années parce qu'il s'est fâché avec ma famille. Mais Marilyn l'a découvert et elle menace de tout dire à M. Lebosse.

– Mais c'est du chantage! Ça ne se passera pas comme ça! Je vais me renseigner sur elle."

PRIX ET DEVIS

1. Le tarif

MOTS INDISPENSABLES

Attention! Dans un nombre, on met un point à l'endroit où on mettrait une virgule en anglais. Pour une fraction décimale, on met une virgule.
Exemple: Deux et demi s'écrit **2,50** et se lit deux cinquante.

RENSEIGNEMENTS

Comment exprimer les prix
Trente-cinq francs: **F35,00** ou **35F00**
Dix francs cinquante: **F10,50** ou **10F50**

Il y a plus 20 ans le système monétaire en France a changé; 100 anciens francs sont devenus un nouveau franc. Même aujourd'hui on utilise parfois l'ancien système en France. Au lieu de dire 35 francs, on dit 3.500 francs; au lieu de dire 35.000 francs, on dit 3,5 millions (trois millions 5). C'est à dire, on multiplie par cent.

En argot cent **balles** veut dire 100 anciens francs, donc 1F00. Une **brique** veut dire un million d'anciens francs, donc 10.000F.

C'est compris?   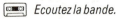 *Ecoutez la bande.*

Attention! L'expression **c'est compris** a deux sens. Elle veut dire:
– c'est entendu
– c'est inclus dans le prix
Ecrivez les prix et faites une liste de ce qui est inclus dans le prix.

2. Obtenir un devis

DOCUMENTATION

Messieurs,

Suite à votre visite dans notre usine, nous vous confirmons ci-dessous nos meilleures conditions pour la reliu-
re de votre collection "VIDI":

Format rogné   20,0 x 20,0 cm
N° de pages   96 gardes intégrées
Façonnage   4 cahiers de 24 pages, dos collé, carré,
                    sans tranchefile, couverture en carton
                    1,3 mm, revêtement en papier imprimé
                    fourni par l'imprimeur et pelliculé par
                    nos soins, mise sous paquets

Prix unitaire   10.000 ex. .... lire 241
                    15.000 ex. .... lire 231
                    20.000 ex. .... lire 222
                    30.000 ex. à 100.000 ex..... lire 200
                    Successives au dessus ...... lire 190

                    Le prix unitaire applique au tirage %
                    .... +/- 500 ex.

                    Ce prix est valable pour une quantité mi-
                    nimum de 10.000 exemplaires par tranche et
                    est garanti jusqu'à fin décembre pour
                    tous travaux livrés chez nous avant fin
                    décembre.

Paiement   comptant à réception de la facture et des
                    documents douaniers.

Transport   les transports Vicenza/Paris sont assurés
                    par vous. Par contre le transport du
                    papier de Milan à Vicenza est assuré par
                    nous.

Sincères salutations.

Exercice 1:   *Regardez la documentation.*

In a memo in English explain the conditions attached to this quotation.
A. The quantities that must be bought.
B. How long the price will be held.
C. What proposals the supplier is making with regard to transport.

Exercice 2:   *Regardez la documentation.*

Using the vocabulary in the quote above, write a letter in French asking for a quote for 1,000 cardboard boxes for packing books. Explain that you found the address of the supplier in an advert in a French magazine. Ask the supplier to send you:
– a complete set of sales literature on the product range
– the price list
– the conditions of sale

3. Vous pourriez me faire une remise?

RENSEIGNEMENTS

En plus **un livre-surprise GRATUIT** si vous répondez dans les 10 jours

SUPER PROMOTIONS

10 %
à la caisse

SUR STOCK ET SUR COMMANDES
(sauf soldes et promotions)
jusqu'au 18 janvier inclus

VENTE MASSIVE DIRECTE D'USINE

FINS DE SÉRIES

Offre valable jusqu'au 28 février suivant stock disponible

Gagnez sur les prix...

LIQUIDATION TOTALE

A PARTIR DU 30 DÉCEMBRE

SOLDES EXCEPTIONNELS
Jusqu'à **50 %** de remise
4 JOURS FOUS

Exercice 3: *Lisez les renseignements.*

Trouvez les expressions correspondantes en anglais. Cherchez les mots dans le dictionnaire, si vous les connaissez pas.

Exercice 4: *Lisez les renseignements.*

Ecrivez ces slogans en français:
A. Up to 20% reduction if you order within 10 days.
B. Offer valid until 9th April inclusive.
C. A free gift with all orders if you reply within 7 days.
D. Exceptional bargains – from 31st August.

EXPRESSIONS INDISPENSABLES

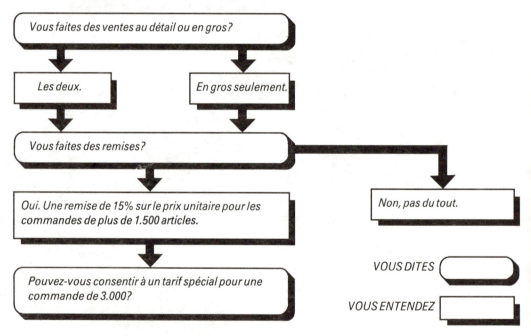

Vous faites des ventes au détail ou en gros?

Les deux.

En gros seulement.

Vous faites des remises?

Oui. Une remise de 15% sur le prix unitaire pour les commandes de plus de 1.500 articles.

Non, pas du tout.

Pouvez-vous consentir à un tarif spécial pour une commande de 3.000?

VOUS DITES

VOUS ENTENDEZ

Conversation:  Ecoutez la bande.

- Allô, service des ventes.
- Bonjour, Monsieur. J'ai reçu votre catalogue, et je voudrais savoir à combien vous vendez vos machines à écrire.
- Le prix unitaire est 3.000F, Mademoiselle.
- Vous faites des remises?
- Oui, Mademoiselle. Pour les ventes en gros nous consentons à une remise de 12% sur les commandes de plus de 100.
- Et si je veux en commander 200?
- Dans ce cas-là, il y a une remise supplémentaire de 3%; ce qui fait 2.550F chacune.
- Je vous remercie, Monsieur. Je vous rappellerai.

Exercice 5: *Regardez la publicité.*

A. A colleague will be travelling on business first to Paris and then on to Los Angeles. She thinks she may get a cheaper flight if she makes her booking from Paris, but wants to know about the conditions attached.

Explain to her:
- if the fares are single or return
- if she can travel on any day
- if the flights are special charter flights
- if it is possible to break her journey
- if the price is fixed
- how to get further details

B. What is the English equivalent of:
- à dates imposées
- sur compagnies regulières
- panachages autorisés

Jeu de rôle: *Avec un(e) partenaire.*

Il y a souvent des remises sur les voyages, mais avec des conditions spéciales.

Vous voulez voyager en avion. Vous demandez à un(e) employé(e) dans une agence de voyages si la compagnie fait des remises sur les vols.

Il faut demander:
- quels jour vous pouvez voyager
- si vous avez droit à un changement de réservation
- s'il y a un remboursement en cas d'annulation

Imaginez la conversation.

4. Vérifier le montant

EXPRESSIONS INDISPENSABLES

Vérifiez tous les renseignements qu'on vous donne au téléphone, surtout les chiffres. Voici des expressions à utiliser:
- Vous pouvez répéter?
- Alors, je répète . . .
- C'est bien . . . ?
- Vous avez bien dit . . . ?
- Je voudrais vérifier . . .

Jeu de rôle: *Avec un(e) partenaire.*

You are **A** and you are on the phone to various companies in Belgium. Ask for information about:
- prices of red, green and blue biros
- air fares for a return trip from Brussels to Dakar

You don't understand numbers in French very well, so you have to:
- ask the person to repeat what he/she said
- repeat what the person said to make sure you have understood

You are **B** and you should be ready to answer queries. Here are some suggestions for things you might say:
- can offer a discount of 5% on the unit price for orders over 2,000 items
- ask the caller to contact the sales department on extension 246
- there is an increase of 3% on last year's prices
- the cost of a flight is 6,850 francs, but the reservation cannot be changed nor money refunded

Entendu? 🔲 *Ecoutez la bande.*

Vous entendez l'annonce du chiffre d'affaires de la société Sanofi. Regardez les chiffres ici et notez ceux qui ne correspondent pas à ceux que vous entendez.

Chiffre d'affaires consolidé			
(millions de francs)	1982	1983	1984
Pharmacie - Santé humaine	5 046	5 763	6 738
Santé animale	522	613	665
Arômes	149	316	434
Parfums - Produits de beauté	2 087	2 582	3 327
Divers*	54	60	77
Total	7 858	9 334	11 241

* Prestations de services et produits des activités annexes.

RENSEIGNEMENTS Parfois quand il s'agit de nombres ou de quantités assez importants, il n'est pas nécessaire de préciser le nombre exact. On peut dire:
– **de l'ordre de** . . .
– **environ** . . .
Par exemple, au lieu de dire 15.867 (quinze mille huit cent soixante sept) on dirait **de l'ordre de seize mille**.
On emploie aussi:
– une dizaine (approximativement 10)
– une douzaine (approximativement 12)
– une vingtaine (approximativement 20)
– une trentaine (approximativement 30)
– une centaine (approximativement 100)

Exercice 6: *Lisez les renseignements.*

You are speaking to someone in French. You haven't time to think how to say these numbers in French, but you have to say something. How would you give a rough idea of these numbers:
– 32   – 1,000,194
– 49   – 2,968
– 13   – 54,876
– 111   – 201,092

RENSEIGNEMENTS En français il y a plusieurs mots pour traduire "number".

Le numéro: Pour ce qui n'est pas une quantité.
          Exemple: le numéro de référence
                    le numéro de téléphone
                    le numéro de la maison

Le chiffre: Il y a 10 chiffres:
          Exemple: 0, 1, 2, 3, 4, 5, 6, 7, 8, 9

Attention! On dit aussi le **chiffre d'affaires**.

Le nombre: A partir de 10
          Exemple: Le 13 est un nombre qui porte le malheur.

On dit aussi **un grand nombre de** personnes.

Exercice 7: *Lisez les renseignements à la page 72.*

Corrigez les fautes d'usage de nombre, numéro et chiffre dans la conversation qui suit:

– Bonjour, c'est Madame Pollet?
– Non, vous vous êtes trompé de chiffre. Je vous la passe.
– Bonjour, c'est Madame Pollet?
– A l'appareil.
– C'est bien. Je me suis trompé de nombre tout à l'heure. C'est M. Leblanc à l'appareil.
– Ah, M. Leblanc, il y a parfois des problèmes avec le standard lorsqu'il y a un grand numéro de communications en même temps.
– Je vous téléphone pour vérifier quelque chose. Je n'arrive pas à lire certains nombres sur le devis. Pour le moteur, nombre de référence XG 45, je ne vois pas si le premier numéro est un 6 ou un 8.

5. Vous êtes d'accord?

EXPRESSIONS INDISPENSABLES

L'accord ou le désaccord au cours d'une discussion.

L'accord:
– Ça, c'est vrai
– C'est possible
– Vous avez raison
– Je suis tout à fait d'accord
– Exactement
– Absolument
– Je suis tout à fait de votre avis

Le désaccord:
– Non, pas forcément
– Je ne suis pas du tout d'accord
– Absolument pas
– Je n'en suis pas persuadé
– Ce n'est pas sûr
– Je ne suis pas tellement d'accord

Exercice 8: *Lisez les expressions indispensables.*

Regroupez les phrases selon la force de l'accord ou du désaccord. Faites-en une grille avec les catégories suivantes:

ACCORD TOTAL   DÉSACCORD FAIBLE

ACCORD FAIBLE   DÉSACCORD TOTAL

6. Les salaires

Entendu? 🔲 *Ecoutez la bande.*

Notez les chiffres qui manquent.

La grille des rémunérations

		catégorie 1	catégorie 2
FONCTIONS ADMINISTRATIVES	Directeur administratif	242 700	A
	Directeur de l'informatique	B	361 800
	Responsable de l'informatique	202 300	254 600
	Secrétaire de direction	C	111 700
	Analyste	132 500	D
	Ingénieur systèmes	165 800	E

QUESTIONS DE LANGUE

La formation du passé composé

j'ai	nous avons		augmenté (augmenter)
tu as	vous avez	+ participe passé	réussi (réussir)
il a	ils ont		vendu (vendre)

Exemple: Les salaires ont augmenté de 30%.
J'ai réussi à avoir ma promotion.
La société a vendu 15% de plus de marchandises cette année.

Exercice 9: *Lisez les annonces.*

B.C.F. LDP
recherche :
2 RESPONSABLES DES VENTES H./F.
Mission : Formation et encadrement équipe de vente.
Formation assurée
Salaire : 120.000 F p. an
3 VENDEURS/VENDEUSES
Formation assurée
Avantages sociaux
Salaire moyen mensuel 6.000 F
Se présenter lundi 6, de 14 à 18 h : 4, rue du Contrat-Social, Rouen.

DES HOMMES QUI REUSSISSENT
NOTRE GROUPE NATIONAL
Dynamique, leader sur son marché recherche des **COLLABORATEURS (H./F.)**
Ambitieux, travailleurs, efficaces, en un mot
DE TALENT
Si de telles qualités vous animent, rejoignez vite notre équipe. Elle vous apportera son appui (formation soutenue) et son succès d'aujourd'hui sera le vôtre demain.
Actuellement, 40 sociétés du groupe sur le territoire national, dirigées par des hommes au profil gagneur et ayant fait leurs preuves.
Rémunération : plus de 180.000 F par an
Envoyer C.V. + photo à 1.051, SNP, B.P. 907, 76023 Rouen - Cedex.

Société nationale pour diffusion produits haut standing engage 3 REPRESENTANTS · REPRESENTANTES 25 ans minimum. Débutants acceptés. Formations assurée. Pas de porte à porte. Salaire de l'ordre de 6.000 F dès le 1er mois.
Se présenter le mercredi 18 décembre à L'Hôtel de Bordeaux au Havre de 14 h à 18 h.
Dem. Mlle AGOSTINO

Faites une liste de la rémunération de chaque emploi:
– par mois
– par an
Exemple: Responsables des ventes chez B.C.F. 10,000F
par mois/120,000F par an.

Exercice 10: *Regardez le graphique.*

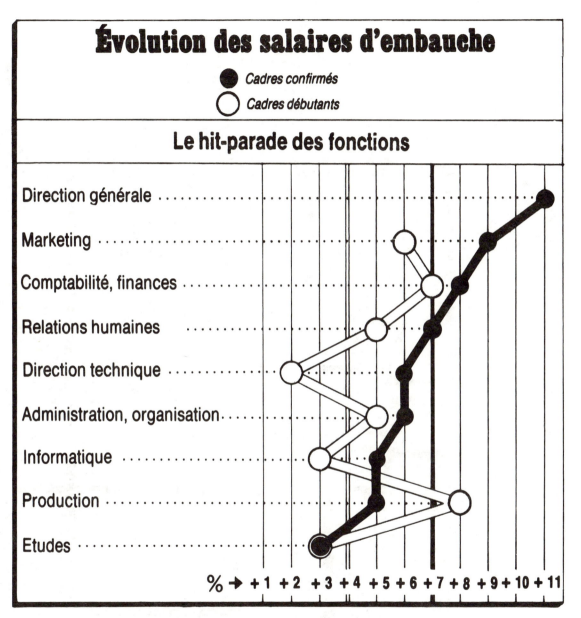

Évolution des salaires d'embauche

● *Cadres confirmés*
○ *Cadres débutants*

Le hit-parade des fonctions

Direction générale
Marketing
Comptabilité, finances
Relations humaines
Direction technique
Administration, organisation
Informatique
Production
Etudes

% → + 1 + 2 + 3 + 4 + 5 + 6 + 7 + 8 + 9 + 10 + 11

Ecrivez un paragraphe sur ce que montre le graphique, c'est à dire:
– la différence entre les augmentations des salaires d'embauche pour des cadres confirmés et débutants
– le travail avec le meilleur salaire d'embauche
– le travail avec le salaire d'embauche le moins bien payé

Points de vue: *En groupe.*

Discutez quelle carrière et quel genre d'affaires vous semblent en ce moment les plus intéressants du point de vue de la rémunération. Basez votre argument sur les renseignements du graphique.

7. Poids et mesures

Mots indispensables

le gramme (g)
le kilo(gramme) (kg)
la tonne (T)
le litre (l)
le millimètre (mm)

le centimètre (cm)
le mètre (m)
le mètre carré (m²)
le mètre cube (m³)
l'hectare (ha)

Exercice 11:   Regardez le plan.

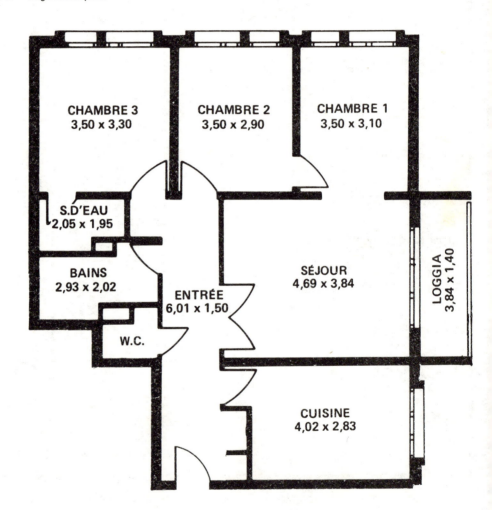

A friend of yours has bought a holiday flat in France and you are helping to order the carpets from a French company in the area. The living room, the hall and bedroom 1 are to have a blue carpet. Bedroom 2 has a green carpet and bedroom 3 has a beige one.

You have to write down some details in French for the carpet company. Look at the plan sent to you by the French estate agent and write down the dimensions for each room which is to be carpeted. Work out the total number of square metres required for each colour.

Entendu? 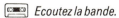 *Ecoutez la bande.*

Vous entendrez des renseignements sur les centres distributeurs Leclerc à propos:
- des hypermarchés
- des supermarchés
- des superettes
- des magasins de vêtements
- des magasins de chaussures

Notez le nombre de magasins de chaque type, la surface totale pour chaque type, et la surface moyenne des magasins de chaque type.

QUESTIONS DE LANGUE

Comment exprimer

La vitesse:
- 100 kilomètres à l'heure (100km/h)
- 134 paquets à la minute

La fréquence:
- deux fois par jour
- trois fois par mois

RENSEIGNEMENTS

La mise au point du matériel permettant à nos clients boulangers et industriels le stockage en vrac de la farine dans leurs ateliers a été faite en collaboration avec des spécialistes et le pourcentage livré par nos camions-citernes augmente de jour en jour, compte tenu des facilités que cela apporte à notre clientèle.
Quelques chiffres :

capacité de stockage en blé	14 000 Tonnes
capacité de stockage en farine vrac . . .	4 000 Tonnes
capacité de stockage en sous-produits .	300 Tonnes
capacité de trituration	520 T / 24 H
capacité d'ensachage en sacs de 50 kg	800 sacs / Heure
capacité de production en kg et 500 g .	300 paquets / Minute
capacité de stockage en sacs de 1 kg . .	2 000 Tonnes
capacité de stockage en sacs de 50 kg	1 500 Tonnes

Exercice 12: *Lisez les renseignements.*

Lisez ces expressions françaises. Trouvez l'expression anglaise correspondante.

- en vrac
- compte tenu de
- sous-produits
- camions-citernes
- trituration

- tanker
- milling
- in bulk
- taking into account
- by-products

Exercice 13: *Lisez les renseignements.*

Traduisez le texte en anglais.

    L'OREILLE EN COIN

Max soupçonne Marylin Contetout de travailler pour Plusgros, et d'essayer de créer des ennuis à Novocadeau pour les mettre en faillite. Il veut tendre un piège à Marilyn pour la prendre sur le fait. Il a besoin de preuves de sa malhonnêteté avant de tout raconter à M. Lebosse. Il a peur qu'elle dise à M. Lebosse que Sylvie est la nièce de Méchon.

Max vient de recevoir une nouvelle commande d'El Mirage qui a décidé de donner une dernière chance à Novocadeau. Il prépare un devis, strictement confidentiel, avec des prix avantageux pour El Mirage, pour être sûr d'obtenir la commande. Puis il prépare une autre version du devis, avec des prix plus élevés. Il laisse ce faux devis sur son bureau. Ensuite, il se cache pour surveiller Marilyn.

Marilyn s'empare du faux devis, passe un coup de téléphone, et sort des bureaux. Max la suit. Elle se rend chez Plusgros où elle rencontre Méchon. Max prend des photos de leur entrevue. Il a deviné correctement les intentions de Marilyn: transmettre les prix de Novocadeau à Méchon, pour qu'il fasse des devis plus avantageux et essaie de leur voler des clients.

PASSER UNE COMMANDE

1. Commander par téléphone	Placing orders by telephone
2. Confirmation de la commande	Confirming an order in writing
3. Vente par correspondance (VPC)	Filling in order forms
4. Accuser réception de la commande	Acknowledging orders
5. Lire un contrat	Understanding the gist of contracts

Mots indispensables	– parts of an order form: page 81
Expressions indispensables	– telephone orders: page 78
	– written confirmation of orders: page 80
	– acknowledging orders: page 84
Questions de langue	– taking notes using infinitive: page 84

1. Commander par téléphone
EXPRESSIONS INDISPENSABLES

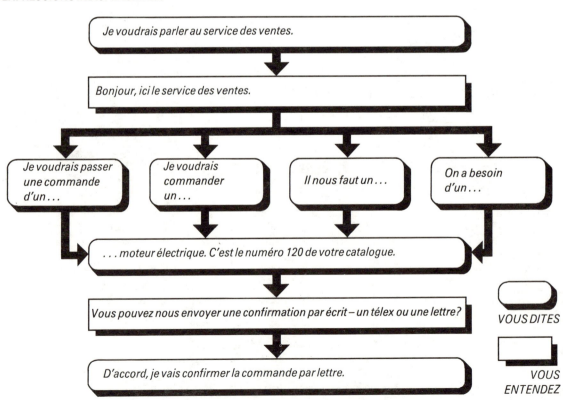

Je voudrais parler au service des ventes.

Bonjour, ici le service des ventes.

Je voudrais passer une commande d'un...

Je voudrais commander un...

Il nous faut un...

On a besoin d'un...

...moteur électrique. C'est le numéro 120 de votre catalogue.

Vous pouvez nous envoyer une confirmation par écrit – un télex ou une lettre?

D'accord, je vais confirmer la commande par lettre.

VOUS DITES

VOUS ENTENDEZ

C'est compris? 📼 *Ecoutez la bande.*

Ecoutez les conversations. Dans chaque cas, écrivez le résultat de la conversation.
A. Ce qu'on a commandé.
B. Le prix.
C. Le numéro de référence.

C'est compris? *En groupe.*

Le téléphone arabe

La première personne écrit sur un papier un produit et un numéro de référence. Ensuite, il/elle passe la commande à l'oreille de la personne à côté qui la passe à la personne suivante jusqu'à la dernière personne du groupe. A la fin, est-ce que c'est toujours le même produit et le même numéro?

Jeu de rôle: *Avec un(e) partenaire.*

Vous êtes **A** et vous passez une commande. Vous choisissez un produit que vous voulez commander. Essayez d'avoir une remise ou une livraison plus rapide. N'oubliez pas de préciser:
– le numéro de référence
– la description de l'article
– la couleur, le modèle
– la quantité
– la date de livraison
Vous êtes **B** et vous prenez la commande. Vous voulez, bien sûr, que le client paie le maximum et avoir suffisament de temps pour effectuer la livraison. En même temps, rappelez-vous que c'est un client régulier que vous ne voulez pas perdre.

Exercice 1: *Regardez le plan.*

Ces personnes habitent dans la région parisienne et veulent commander quelque chose par téléphone. Sur le plan à droite, cherchez un numéro de téléphone à composer pour les adresses suivantes:
A. 14 Rue des Pommiers,
    78 St Germain-en-Laye.
B. 2 avenue des Invalides, 91 Evry.
C. 5 cours de Vincennes, 75 Paris.
D. 1 boulevard Isaac Newton,
    93 Le Blancmesnil.
E. 82 route de Paris, 94 Créteil.
F. 16 impasse Voltaire, 60 Senlis.
Attention! Les numéros 60, 75, 77, 78, 91, 92, 93, 94, 95 sont les numéros des départements de la région parisienne.

Jeu de rôle: *En groupe de trois, A, B et C.*

On commande un produit comme dans le jeu de rôle ci-dessus, mais il y a trois personnes cette fois-ci.
Vous êtes **A** et vous passez la commande, mais vous ne parlez qu'anglais.
Vous êtes **B** et vous êtes le fournisseur.
Vous êtes **C** et vous traduisez ce que dit **A** et les réponses de **B**. **A** ne vous a pas expliqué la situation.

2. Confirmation de la commande

DOCUMENTATION

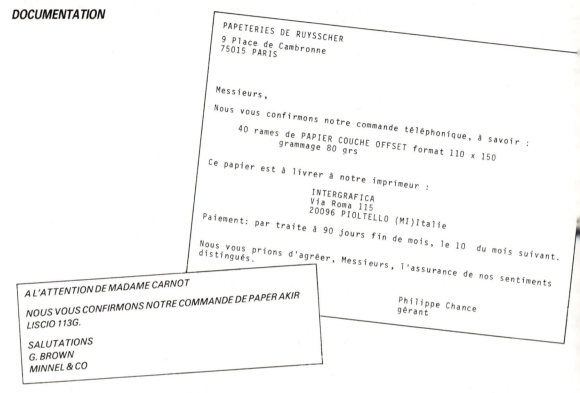

PAPETERIES DE RUYSSCHER
9 Place de Cambronne
75015 PARIS

Messieurs,

Nous vous confirmons notre commande téléphonique, à savoir :

40 rames de PAPIER COUCHE OFFSET format 110 x 150
grammage 80 grs

Ce papier est à livrer à notre imprimeur :

INTERGRAFICA
Via Roma 115
20096 PIOLTELLO (MI)Italie

Paiement: par traite à 90 jours fin de mois, le 10 du mois suivant.

Nous vous prions d'agréer, Messieurs, l'assurance de nos sentiments distingués.

Philippe Chance
gérant

A L'ATTENTION DE MADAME CARNOT

NOUS VOUS CONFIRMONS NOTRE COMMANDE DE PAPER AKIR
LISCIO 113G.

SALUTATIONS
G. BROWN
MINNEL & CO

EXPRESSIONS INDISPENSABLES

Je vous confirme ma commande de . . . ➡

16 bicyclettes, 10 moteurs électriques, ➡	modèle 5H/7953 référence 653–3B ➡	à 500F chacune. au prix unitaire de 10.000F.

Veuillez me les faire parvenir Veuillez livrer/envoyer ➡	par retour. avant le 1er avril. dans un délai de huit jours. avant la fin du mois.

Exercice 2: Lisez les expressions indispensables.

Your boss has asked you to order some flour from a Belgian mill. Prepare what you would say in French on the phone and then write a letter of confirmation. These are the details of the order:

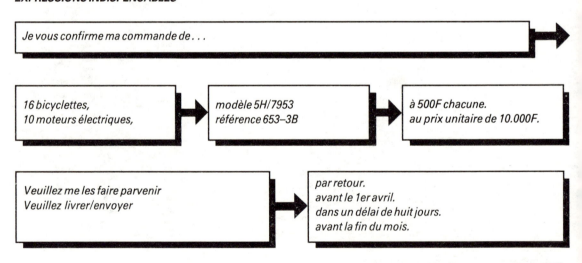

30 metric tonnes of white flour. Delivery to our factory in Sedgeville by 14th November.

3. Vente par correspondance (VPC)

MOTS INDISPENSABLES

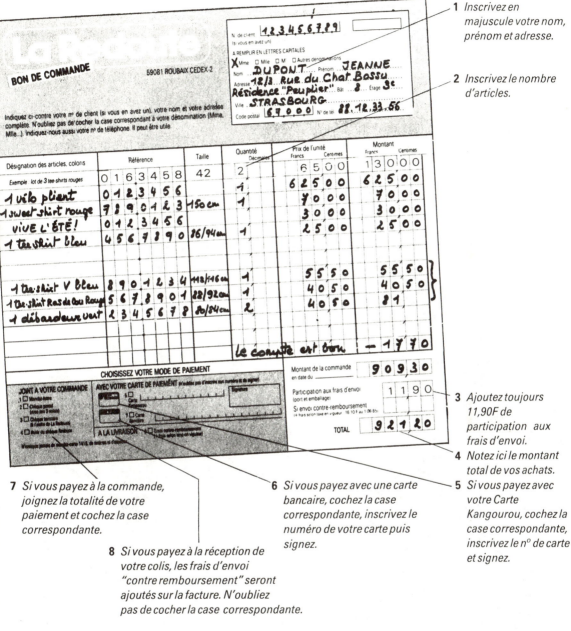

1 Inscrivez en majuscule votre nom, prénom et adresse.

2 Inscrivez le nombre d'articles.

3 Ajoutez toujours 11,90F de participation aux frais d'envoi.

4 Notez ici le montant total de vos achats.

5 Si vous payez avec votre Carte Kangourou, cochez la case correspondante, inscrivez le n° de carte et signez.

6 Si vous payez avec une carte bancaire, cochez la case correspondante, inscrivez le numéro de votre carte puis signez.

7 Si vous payez à la commande, joignez la totalité de votre paiement et cochez la case correspondante.

8 Si vous payez à la réception de votre colis, les frais d'envoi "contre remboursement" seront ajoutés sur la facture. N'oubliez pas de cocher la case correspondante.

Exercice 3: Regardez les expressions françaises. Trouvez l'expression anglaise correspondante.

taille	description of item
prix de l'unité	colour
désignation de l'article	method of payment
coloris	price per item
mode de paiement	amount
montant	size

C'est compris? 🔊 *Ecoutez la bande.*

Vous avez reçu un bon de commande mais certains mots et chiffres sont illisibles. Vous téléphonez pour vous renseigner et pour vérifier la commande. Notez les mots et chiffres qui manquent.

BON DE COMMANDE

M *Alain Douet*

Adresse : *15 rue des Fleurs, Chartres*

commande les articles suivants:

QUANTITÉS	DESCRIPTION	PRIX	TOTAL
	soie	100	
100cm	...ey de laine	...00	6.000
		0,00	...000
		TOTAL	13.000

Exercice 4: *Lisez les expressions indispensables à la page 80.*

Choose one of the items below and write a letter in French to confirm an order which you have made over the telephone. You should give all the details of the item ordered and an address for delivery. Don't forget to use a suitable opening and closing sentence for the letter.

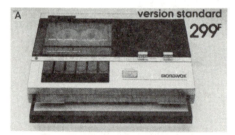

A version standard 299F

A UN MAGNÉTOPHONE, 2 VERSIONS

Clavier 6 touches avec pause. Réglages volume et tonalité. Micro à condensateur incorporé. Réglage automatique du niveau d'enregistrement. Arrêt automatique en fin de bande. Compteur 3 chiffres. Prises DIN et Jack pour écouteur et micro extérieur. Alimentation secteur 220 V ou 4 piles R14 (vendues p. 1088). Livré avec cordon secteur et notice. Garantie 1 an. S.A.V. assuré.
● **Version standard.** Prise pour télécommande. Dim. 26,5 × 18,5 × 5,5 cm.   Réf. 411.2792   **Prix 299.00**
● **Version avec vu-mètre d'enregistrement.** Dim. 27 × 17,5 × 6 cm.   Réf. 410.9090   **Prix 345.00**

D 2495F

B Calculatrice MONDIMAT fonctionnant sans pile grâce à son panneau solaire utilisant la lumière du jour. Affichage par cristaux liquides, 8 chiffres. Opérations courantes, %, √ ×. Calculs en chaîne avec constante de puissance et de réciproque. 1 mémoire dynamique. Livrée avec notice. Dim. 10,5 × 6,3 × 0,6 cm. Garantie 1 an. SAV assuré.
Réf. 353.5258   **Prix 79.90**

C Calculatrice de poche MONDIMAT. Economique : elle fonctionne sans pile grâce à un panneau solaire. Astucieuse : étui style pochette ; d'un côté le clavier, de l'autre l'affichage et le panneau solaire. Pratique : les grosses touches et l'affichage 8 chiffres en gros caractères. 4 opérations de base, %. √ ×. 1 mémoire dynamique. Calculs en chaîne avec constante de puissance et de réciproque. Dim. ouverte : 14,5 × 12,5 × 0,5 cm, pliée 7,5 × 12,5 × 1 cm. Boîtier métallique sous pochette plastique articulée. Garantie 1 an. SAV assuré.
Réf. 353.2470   **Prix 135.00**

NOUVEAU

B 79⁹⁰   C 135F

D L'AX 10 de BROTHER : une machine électronique de bureau solide et performante à un prix très étudié ! **Clavier** : 46 touches pour 96 caractères. Fonctions mises en mémoire : 31 caractères. Largeur chariot : 27 cm. **Fonctions**. Mise en page soignée : tabulation décimale, passe-marges, touche répétition, retour arrière rapide, insertions, interlignes réglables... Correction intégrée, mise en mémoire «correction express» pour les 40 derniers caractères frappés. **Impression** : Marguerite d'impression (type ELITE 12) sous cassette interchangeable. Cassette-ruban d'écriture et ruban correcteur. Alimentation 220 V. Carrosserie en ABS. Dimensions 38,5 × 32 × 12,5 cm. Poids 4,9 kg. Poignée de transport et couvercle formant valise. Notice d'emploi détaillée. Garantie 1 an. S.A.V assuré.
Réf. 411.7280   **Prix 2495.00**

Exercice 5: *Regardez la publicité.*

You have seen this advert in a French specialist magazine. In English explain:
– what the company sells
– whether you can buy at the shop or by mail order
– how much you have to pay for a catalogue

Demandez à

EUROPRIX AQUARIOPHILIE
58, bd Basly, 62305 LENS CEDEX. TÉL. 21.28.19.40
LA PLUS IMPORTANTE MAISON D'AQUARIOPHILIE

VENTE SUR PLACE
VENTE PAR CORRESPONDANCE

le **CATALOGUE GRATUIT** avec
288 sortes différentes d'aquariums, 208 modèles de
meubles ébénisterie et tout le matériel eau douce et mer

DANS LA PRESSE

☐ **VENTE PAR CORRESPONDANCE**
Montée en flèche en janvier

La vente par correspondance a augmenté de 26 % en janvier par rapport au mois correspondant de l'an dernier. Un « boom » qui est dû notamment à l'habillement, aux commandes horticoles pour les plantations de printemps et à l'équipement de la maison. Les chiffres provisoires pour 1985 font apparaître une augmentation globale de 7,3 % du chiffre d'affaires par rapport à l'année précédente.

Avec l'aimable autorisation du journal Le Figaro. © Le Figaro.

Exercice 6: *Lisez "Dans la presse".*

Trouvez les expressions en français qui correspondent aux expressions suivantes:
– turnover
– increased
– provisional figures
– in relation to
– principally
– the previous year
– last year
– the corresponding month
– overall increase

Exercice 7: *Lisez "Dans la presse".*

Write a short report in French about your company's mail-order sales for this year, based on the following data:
– an increase of 17% in May compared with the same period last year
– increases due to a new line in office equipment and successful promotions
– provisional figures show a 5.6% increase on the previous year's turnover

4. Accuser réception de la commande

Expressions indispensables

Au début de la lettre:

– Nous vous remercions de la commande que vous avez bien voulu nous passer.
– Nous vous remercions de votre commande, faisant l'objet de votre lettre du 20 juin.
– Nous accusons réception de votre lettre du 20 juin, nous adressant commande de . . .

Les conditions:

– Les marchandises seront expédiées selon vos instructions.
– Le transport sera: – à vos frais
                    – port payé
                    – franco d'emballage
                    – franco de port/livraison gratuite
                    – franco à bord

Exercice 8: The person who had your job before you compiled a list of shipping terms in French, but your French agent has pointed out some mistakes in the translation. Using a dictionary, check the translations in this part of the list.

```
à vos frais          : at your expense
franco à bord        : packed in cardboard
franco d'emballage   : packed in material
franco de port       : packed at the port
livraison gratuite   : carriage paid/
                       free delivery
port payé            : pay at the port
```

QUESTIONS DE LANGUE

Comment prendre des notes:

Quand on vous passe des commandes par téléphone, vous devez noter les détails:
– mettre des étiquettes
– emballer en paquets de 10
– emballer sous plastique
– charger sur palette
– livrer le 19 avril

Entendu?  *Ecoutez la bande.*

You are taking an order over the phone from a company in France. Take notes in French. Using these notes, write a letter in French to the company acknowledging the order and the details given.

5. Lire un contrat
DOCUMENTATION

CONTRAT DE LOCATION DE BICYCLETTE

ARTICLE 2   CONDITIONS DE LOCATION
Toute personne âgée de plus de dix-huit ans peut être locataire sous réserve de produire une pièce d'identité (carte d'identité ou permis de conduire). Toute personne de moins de dix-huit ans est tenue de présenter une autorisation signée par ses parents ou par la personne ayant sa responsabilité.

ARTICLE 3   RESPONSABILITE DU LOCATAIRE
Le locataire s'engage à utiliser la bicyclette avec soin, à l'entretenir, et à régler tous frais et amendes pour toute infraction aux régulations de circulation ou de stationnement. Il n'est pas autorisé à effectuer de réparations importantes, ni à prêter la bicyclette à un tiers sans l'assentiment du loueur. La bicyclette doit être restituée à son centre d'origine dans les délais prescrits par le contrat.

ARTICLE 4   DUREE DE LOCATION
Le contrat prendra effecivement effet:
— Dès que le locataire aura pris connaissance des présentes conditions.
— Dès que le locataire aura réglé le montant de la location en espèces ou chèque bancaire à l'ordre du Comité Départemental de Tourisme, dans l'Aisne, ou du loueur, dans l'Oise et la Somme.
— Quand le locataire aura apposé sa signature sur le présent contrat de location dont il conservera un double.
Le contrat expirera à 12h du même jour pour une location de demi-journée ou à 19h pour une location de journée. (respectivement signées après 9h ou après 14h).

ARTICLE 9   ASSURANCES – VOL
La responsabilité civile du Comité Départemental de Tourisme de l'Aisne et du Comité Régional de Tourisme de Picardie est garantie, en ce qui concerne le prêt de bicyclette, auprès de "la Foncière" pour les capitaux suivants:
dommages corporels: garantie illimitée
domages matériels: garantie de 1 000 000F.
La responsabilité civile du locataire n'est garantie auprès de cette même compagnie qu'en cas d'insuffisance ou d'inexistence d'assurance (du locataire) auprès d'une autre compagnie. En cas d'accident ou de vol, le locataire s'engage à faire une déclaration au loueur, aux autorités de police et à sa compagnie d'assurances dans un délai de 24h. Le locataire doit également s'engager, en cas de vol, à régler la valeur du matériel au montant estimé par l'expert du Comité Régional de Tourisme ou du Comité Départemental de Tourisme de l'Aisne.

Exercice 9: *Regardez la documentation.*

Someone you work with is going on holiday in the north of France and would like to know about hiring a bicycle. Explain the following:
– the conditions of hire
– what to do if the bicycle is damaged
– when you have to return the bicycle
– what to do if the bicycle is stolen
– what insurance cover is included
– any hidden costs/extras that may have to be paid for

Dossier spécial

The situation — You work for a travel firm which is planning to offer package tours and excursions for French-speaking visitors to your area.

What you have to do — It is your job to prepare a publicity brochure for this new market. In French, describe what is on offer:
  – the holidays
  – the excursions
    Give the following details:
  – the price for adults and children
  – the length of the stay and relative prices
  – excursions which are included in the cost of a longer holiday
  – special discounts offered and on what terms
  – special discounts offered for travel to and from your area

 **L'OREILLE EN COIN**

Après avoir surpris la réunion secrète entre Marilyn Contetout et M. Méchon, Max envoie à El Mirage le vrai devis. Quelques jours plus tard, il est au téléphone avec les gens d'El Mirage. Il leur explique qu' El Mirage est le meilleur client de Novocadeau; que les affaires entre eux ont bien marché jusqu'à présent et qu'il fera tout son possible pour que l'erreur sur la dernière commande ne se reproduise pas. Les clients avouent qu'ils ont également demandé à Plusgros de préparer un devis, mais que leurs prix sont bien moins compétitifs. Les gens d'El Mirage décident donc de passer la commande auprès de Novocadeau. Max est heureux. Il annonce à tout le monde que Novocadeau vient d'obtenir une commande très importante.

"Sensationnel! Encore une commande que Plusgros n'aura pas. Nous sommes les moins chers! Nous sommes les meilleurs!"

Marilyn ne comprend pas ce qui s'est passé. Elle reçoit un coup de téléphone de Méchon qui est furieux.

"Qu'est ce que c'est que ça? Je croyais que ce devis était le devis définitif? Et tous leurs prix sont meilleurs que les nôtres? Qu'est-ce qui s'est passé?

– Je ne sais pas, je ne comprends pas. Belhomme a dû se douter que je travaille pour vous et a laissé sur son bureau un faux devis, avec des prix plus élevés," dit Contetout.

"Ecoute. Rien n'est perdu. Il est encore temps de leur créer des ennuis en retardant la livraison. Je compte sur toi."

Que va faire Marilyn pour mettre à nouveau Novocadeau dans une position difficile auprès de ses clients?

LIVRAISON A...

1. Le plus rapide et le moins cher!

MOTS INDISPENSABLES

transports maritimes (en bateau)
transports routiers (en camion)

transports par chemin de fer (en train)
transports aériens (par avion)

DOCUMENTATION

Allo Madrid,
vos câbles sont bons pour le service. (Allo XP, merci de venir enlever ces câbles à Seclin.)

Allo Birmingham,
votre ordinateur est réparé demain. (Allo XP, venez prendre ces pièces à Neuville en Ferrain à 17 heures. Merci.)

Allo Stockholm,
nous avons trouvé le bon tissu. Vous l'aurez demain matin. (Allo XP, nous avons un paquet à prendre à Roubaix.)

Allo, vous qui nous lisez…XP peut également faciliter votre vie. Grandement. XP vous offre un transport express, du jour au lendemain vers des milliers de villes et leur banlieue. Grâce à 52 bureaux répartis sur 18 pays d'Europe. Plus un à New York.

Nous venons prendre vos colis en fin d'après-midi. Nous les livrons 'before lunch' le lendemain. De porte à porte. Dédouanés. Express? En effet. Et pourtant XP ne fait rien d'exceptionnel. XP fait juste son travail.

Avec un système bien rodé. Système quotidien facilité par une expérience de longue date et des moyens efficaces. Des voitures XP prêtes à enlever votre colis. Une flotte d'avions XP qui volent de nuit vers les quatre coins de l'Europe.

Un personnel expérimenté pour accomplir les formalités douanières à votre place. Et à destination, des véhicules XP qui assurent aussitôt la livraison de votre envoi. Tomorrow. Before lunch.

Pour quel prix? Appelez XP ou retournez nous le coupon pour plus d'informations. Vous recevrez notre Guide de Service. Gratuit. Sans engagement. Vous voulez nous essayer? Appelez XP (Tél. 20.87.58.96) et XP s'occupe de tout. Pour vous.

Allo Turin,
nous vous avons expédié l'élément du train d'atterrissage. (Allo XP, le colis ne sera prêt qu'à 18 heures. A tout à l'heure à Lesquin.)

Allo XP, c'est pour un enlèvement à Nuremberg. (Allo Monsieur, nous avons le prototype de la chaise.)

Allo XP, veuillez me faire parvenir plus d'informations et votre Guide de Service.
Nom: _____ Fonction: _____
Nom de la société: _____
Adresse: _____
Numéro de téléphone: _____

XP Express Parcel Systems
29 Rue Nouvelle -59810 Lesquin
Tél. 20.87.58.96

XP TOMORROW BEFORE LUNCH.
(* XP. Demain avant midi.)

Exercice 1: *Regardez la documentation.*

You have seen this advert for a transport company in a French magazine.
For the transport file in the office, in English, write a list of the services offered.
Your list should include the following:
- how large the XP network is
- when packets are collected and delivered
- the means of transport at XP's disposal
- some examples of the kind of items XP can handle
- how you can obtain more information about XP

DANS LA PRESSE

COURSIERS INTERNATIONAUX

Remboursement en cas de retard

L'australien T.N.T.-Skypak s'attaque au transport des plis urgents et veut prendre une part d'un marché que se partagent de nombreux concurrents. Une guerre des tarifs commence.

Depuis que les pays de la C.E.E. ont décidé de suivre, bon gré mal gré, les recommandations de la commission de Bruxelles demandant de déréglementer le secteur des coursiers internationaux qui, à son avis, n'est pas couvert par le monopole des administrations postales nationales, une concurrence sans merci se développe dans cette branche d'activité.

L'américain D.H.L. et le français Jet Service entre autres se partagent la plus grosse partie de ce trafic. Les P.T.T. viennent de leur côté de créer une filiale, la S.F.M.I. – avec la compagnie d'aviation T.A.T. – qui exploitera le service Chronopost.

Aux nombreuses compagnies essayant de prendre des parts de marché – français, anglais et américain – s'ajoute l'australien T.N.T. qui annonce un service Skypak sophistiqué avec slogan « service haut de gamme, super rapide, unique » pour 80 villes de 27 pays. Toutes les sociétés disent un peu la même chose, mais celle-ci y ajoute – moyennant un supplément « un service Elite garanti » : si les délais ne sont pas respectés, le supplément forfaitaire est remboursé.

Ainsi, par exemple, l'expédition d'une lettre de moins de 500 grammes pour Sydney ou Rio de Janeiro coûte : un forfait obligatoire de 270 francs de prise en charge (comprenant le déplacement d'un cycliste pour aller chercher le pli) plus 95 francs pour les premiers 500 grammes. Soit 365 francs. Cette lettre arrivera dans les 2 et 3 jours. Mais le nouveau service Elite coûte une surtaxe de 250 francs. Là, la remise de la lettre est garantie en 48 heures, avec une heure de livraison précise (pour Sydney : midi). Si le délai est dépassé, la surtaxe de 250 francs est remboursée.

Ce service Elite ne s'applique actuellement qu'à quatre-vingts villes situées dans une trentaine de pays.

Ainsi, chaque coursier propose des services de plus en plus alléchants pour les entreprises. L'australien T.N.T. – deuxième sur le marché mondial avec 420 bureaux dans une centaine de pays occupait déjà une place certaine dans le fret express en Europe depuis son rachat d'I.P.E.C. avec 90 000 destinations sur l'Europe,

125 agences, 4 500 employés, 2 500 véhicules. Au transport des lettres, Skypak ajoute l'expédition possible de vins, parfums, confiserie...

Il y a eu récemment un Corot appartenant à un collectionneur américain qui voulait faire expertiser son tableau à Paris. La toile a été réexpédiée par le coursier à New York sitôt l'expertise terminée... Et le rapatriement des roches de lune de l'Armagh Planetarium de Belfast à Houston (en 48 heures de porte à porte). T.N.T., dont les premiers camions appartenaient à M. Ken Thomas transportaient après la guerre quelques colis entre Adelaïde et Melbourne, a connu une expansion extraordinaire, rachetant des sociétés implantées en Europe, se dotant de toutes les gammes de véhicules y compris les avions. Aujourd'hui, cette société veut mettre tout son poids dans la compétition qui vient de s'ouvrir en France, en R.F.A. et dans le reste de l'Europe entre les coursiers internationaux. Mais les autres vont réagir...

Charles HAQUET.

Avec l'aimable autorisation du journal Le Figaro. © Le Figaro

Exercice 2: *Lisez "Dans la presse".*

A. Make a list in English of the different courier services mentioned.

B. Explain in English what these abbreviations mean:
   – CEE
   – PTT
   – RFA

C. In English describe the TNT-Skypak service. Include the following information:
   – how the service originated
   – the size of the company
   – what Skypak offers that its competitors do not
   – how the Elite service works

2. Le planning des livraisons

EXPRESSIONS INDISPENSABLES

– dans un délai de 15 jours
– par jour/semaine/mois/an
– deux fois par mois

– tous les deux mois
– plus fréquent/moins fréquent
– régulièrement

Exercice 3:   *Regardez le planning.*

Faites une analyse de la fréquence des livraisons à l'imprimerie.
Exemple: Les livraisons d'encre se font:
  – deux fois par mois de janvier à septembre
  – trois fois par ...

Exercice 4:   *Regardez le planning.*

Ces phrases sont-elles vraies ou fausses?

A. Les livraisons sont plus fréquentes en hiver qu'en été.
B. Les livraisons d'encre se font trois fois par mois.
C. L'emballage est livré régulièrement.
D. Le papier est livré tous les deux mois.
E. L'encre est livrée tous les deux mois.
F. L'encre est livrée 24 fois par an.

3. A destination de...

EXPRESSIONS INDISPENSABLES

Où livrer?

- à notre atelier
- à notre usine
- à notre siège social
- à la société Leroy

- au bâtiment 1
- au premier étage
- au troisième bureau à gauche
- aux entrepôts

Exercice 5: *Regardez le plan des entrepôts.*

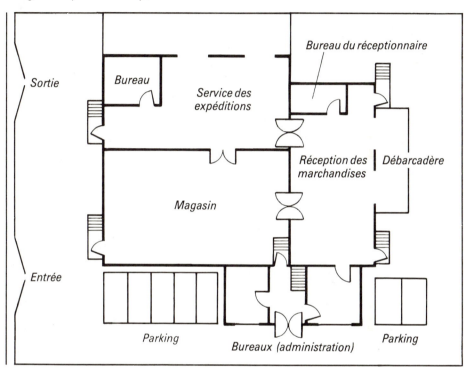

Vous expliquez en français à une société de transports belge à quel endroit dans l'entrepôt il faut livrer. Expliquez aussi à quel bureau remettre les papiers. Complétez le texte.

Voici des mots à utiliser:
- débarcadère
- à droite
- deuxième
- au bout
- pas loin de

- déchargement
- à gauche
- première
- à l'arrière

"Les entrepôts sont __ sur la route de Birmingham, pas loin de Hamley. Il faut entrer par la __ porte. Il ne faut pas se tromper parce que la __ porte, c'est la sortie.

Le __ pour les livraisons se trouve __ des entrepôts. Vous passez le parking et les bureaux de l'administration sur votre gauche. Vous allez jusqu' __ et vous tournez __. Le __ des camions se fait là.

Ensuite, il faut faire signer le bordereau de livraison par le réceptionnaire. Entrez dans le bâtiment par l'escalier __ du débarcadère. Le bureau du magasinier c'est le premier __. Si vous êtes perdu, demandez votre chemin à l'administration."

EXPRESSIONS INDISPENSABLES

A qui livrer?

– au chef des imports
– au chef des achats
– au magasinier

Quand peut-on livrer?

– dans l'après-midi
– à une heure de l'après-midi
– entre midi et 16 heures

Exercice 6: Lisez les expressions indispensables.

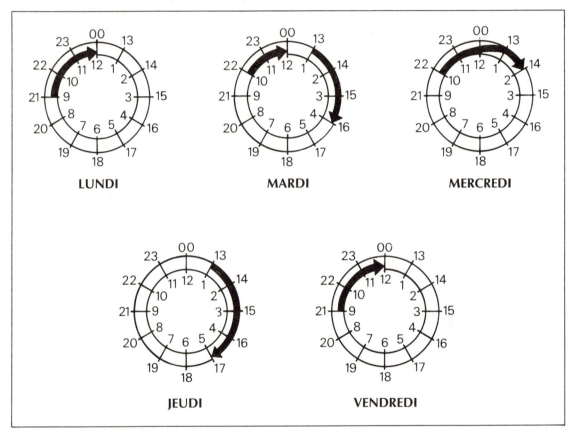

LUNDI MARDI MERCREDI

JEUDI VENDREDI

Vous travaillez dans le service achats d'une usine. Regardez cette pancarte affichée à l'entrée principale, qui indique les heures auxquelles les livraisons peuvent s'effectuer. Notez en français les détails à titre d'information.

Exemple: Les livraisons peuvent s'effectuer:
   – le lundi de 9 heures à midi
   – le mardi de . . .

Jeu de rôle: Avec un(e) partenaire.

Vous parlez avec une société de transports en France. Le livreur a l'intention de livrer le vendredi dans la matinée. Expliquez en français si c'est possible. Si ce n'est pas possible, dites au livreur quand il peut effectuer la livraison.

   N'oubliez pas de préciser:
   – le nom de l'agent de liaison
   – le numéro de son poste de téléphone
   – le service
   – un numéro de téléphone en cas d'urgence

4. Ce n'était pas ça!

RENSEIGNEMENTS

Quelquefois, vous recevez un produit qui n'est pas celui que vous avec commandé. En général, c'est un produit de remplacement. Si le fournisseur n'a plus l'article commandé en stock, ou ne le fabrique plus, il envoie un article similaire. Parfois, il s'agit d'une erreur. Dans ce cas, il faut faire une réclamation.

Exercice 7: *Regardez la grille ci-dessous.*

Le livreur a fait beaucoup d'erreurs. Faites des phrases en français pour expliquer pourquoi l'article livré n'est pas celui demandé.
Exemple: Il en manque une dizaine. Ce n'est pas la bonne couleur.

Il y en a Vous en avez livré		50 une dizaine	de trop
Il en manque		une vingtaine 100	

C'est	le la	mauvais mauvaise	taille modèle
Ce n'est pas		bon bonne	pointure grosseur qualité
Ils ne sont pas tous	du de la	même	type couleur

C'est compris? 🔲 *Ecoutez la bande.*

Dans chaque cas prenez le message, en notant le motif de la réclamation.

DOCUMENTATION

```
                                    M. B. Allard
                                    Info
                                    3 rue des Pépins
                                    75020 Paris

                                    Paris, le 24 mai


  Monsieur,
  Nous ne pensons pas être vos seuls clients à avoir
  des difficultés à classer les fiches d'information
  traitées par votre service informatique.

  En effet, votre système de classeur à trois trous
  ne permet ni un classement rapide des fiches ni une
  étude facile des données, principalement pour les
  relevés mensuels de ventes. De plus, les fiches ne
  sont pas perforées et la marge à gauche est insuf-
  fisante pour la perforation.

  Vous serait-il possible de perforer les fiches avant
  qu'elles soient traitées et de nous fournir des
  classeurs adéquats? Ceci nous permettrait une mise
  à jour rapide et efficace de nos données pour le
  service du marketing.

  Nous espérons que vous donnerez une suite rapide à
  cette lettre afin que nous puissions régler ce
  problème aussitôt que possible.

  Nous vous prions d'agréer, Monsieur, l'expression
  de nos salutations respectueuses.


                                    A. EVRARD
                                    Président Directeur Général
```

Exercice 8:   *Regardez la documentation.*

Traduisez la lettre en anglais.

Exercice 9:   *Regardez la documentation.*

Un fournisseur vous a livré, mais ce n'est pas ce que vous avez commandé. Ecrivez en français une lettre de réclamation au fournisseur.

Jeu de rôle: *Avec un(e) partenaire.*

Imaginez la conversation en français au téléphone avec le fournisseur.

5. La marchandise est endommagée

MOTS INDISPENSABLES

tordu(e)

cassé(e)

fêlé(e)

fendu(e)

déchiré(e)

abîmé(e)

Exercice 10: *Lisez les mots indispensables.*

Ces cinq articles (ci-dessous) sont endommagés. Choisissez l'adjectif qui décrit le mieux les dommages. Faites deux phrases suivant le modèle.

Exemple: Assiettes Ces assiettes sont cassées.
Elles ont été cassées.

A. tissu
B. planches
C. verres à vin
D. tuyaux
E. fruits

6. Des retards

EXPRESSIONS INDISPENSABLES

C'est une grève au port/à l'usine/des douaniers
Le chauffeur du camion a eu un problème en route
L'ordinateur/Une des machines est en panne
Un fournisseur nous a laissé en panne/tomber
Ce sont les grandes vacances/C'est un jour férié
C'est le mauvais temps: la neige/le brouillard

C'est compris? *Ecoutez la bande.*

Vous téléphonez en France pour demander pourquoi une livraison est en retard.
Notez les explications données par les fournisseurs.

Exercice 11:   *Lisez les expressions indispensables à la page 95.*

Des clients vous téléphonent pour se plaindre au sujet d'une livraison qui n'a pas été effectuée à la date prévue. Qu'est-ce que vous leur dites en français?

> C'est la faute du transporteur.

> Ce n'est pas notre responsabilité.

> Je ne suis pas au courant.
> Je vais me renseigner.

> Ce n'est pas de notre faute.

> Nous regrettons de vous avoir fait attendre.

> Je suis vraiment désolé(e).

Commencez avec une des phrases ci-dessus et choisissez une excuse parmi les expressions indispensables.

Exemple: Ce n'est pas de notre faute. Le retard est dû à une grève au port.

A. Un de vos meilleurs clients
B. Un nouveau client
C. Un client qui ne règle pas son compte régulièrement
D. Un client qui se plaint tout le temps
E. La secrétaire du directeur de la société cliente
F. Le directeur/La directrice de la société cliente

Jeu de rôle: *Avec un(e) partenaire.*

Vous êtes **A** et vous êtes le client qui attend une livraison depuis une semaine. Vous commencez à vous impatienter.

Vous êtes **B** et vous êtes le fournisseur. L'appel téléphonique de **A** vous a pris à l'improviste. Vous êtes obligé d'inventer des excuses.

7. Il est possible que . . .

QUESTIONS DE LANGUE

The present subjunctive is formed from the present participle stem and these endings: **-e, -es, -e, -ions, -iez, -ent**. For irregular verbs see in the grammar summary (pages 143-149).

Exemple: livr(ant)   que je livre
vend(ant)   que nous vendions
choisiss(ant)   qu'ils choisissent

The subjunctive is always used after certain verbs and in certain phrases, for example:

– être étonné(e) que   – il est possible que
– s'étonner que   – il est probable que
– il est étonnant que   – il se peut que
– regretter que   – il faut que
– être désolé(e) que   – ne pas être sûr(e) que
– douter que   – ne pas croire que

Exemple: Je suis désolé(e) que vous n'ayez pas reçu votre commande à temps.
Il se peut que le camion soit tombé en panne quelque part.
Je ne crois pas que la livraison puisse s'effectuer dans un délai de 15 jours.

Exercice 12:   *Lisez les questions de langue à la page 96.*

If you are talking in French to customers, what might you say in these situations? Use a phrase which takes a verb in the subjunctive.

A. A client phones to say an order has not yet been received. Express surprise and make some excuses.

B. A client phones to say only half an order has been delivered. Apologise.

C. A client complains about an unexpected price rise. Say you don't know anything about it; suggest that it may be a mistake.

Jeu de rôle: *Avec un(e) partenaire.*

Vous travaillez dans un cabinet d'architectes. Vous avez commandé en Suisse des carreaux qui sont arrivés en retard et abîmés. C'est un problème, car vous ne pourrez pas finir les travaux à la date convenue. Vous téléphonez en Suisse pour faire une réclamation. Imaginez la conversation.

Exercice 13:   *Lisez les expressions indispensables à la page 93.*

Comme suite au jeu de rôle, écrivez en français:

A. une lettre de réclamation au fournisseur.

B. la réponse du fournisseur.

Entendu?   *Ecoutez la bande.*

Vous avez commandé une veste rouge, taille moyenne, mais on vous a envoyé une veste verte, petite taille. Vous téléphonez au service des réclamations et on vous explique ce qu'il faut faire.
 – Est-il possible d'avoir un échange ou un remboursement?
 – Combien de temps faut-il attendre la nouvelle livraison?

   L'OREILLE EN COIN

Tout est prêt à envoyer à El Mirage. Les articles sont emballés dans des caisses. Sylvie a vérifié elle-même que les choses sont en ordre. Elle téléphone à la compagnie de transports pour confirmer les arrangements.

"Allô! Oui, c'est pour confirmer les dates de livraison des marchandises pour El Mirage . . . Oui, c'est ça, vous les embarquez d'ici mardi, et tout doit arriver là-bas samedi . . . Oui, c'est un envoi spécial par avion . . . Il faut que nous livrions avant les vacances . . . Parfait. Je vous remercie."

Contetout a tout entendu. Elle rappelle la compagnie de transports pour modifier les arrangements. Mais Sylvie est très consciencieuse. A la dernière minute, elle vérifie encore que les instructions pour la livraison sont correctes. Elle découvre que Marilyn a essayé à nouveau de lui créer des problèmes: la date de livraison avait été repoussée d'une semaine. Sylvie est découragée. Cette fois-ci, elle a réussi à arranger les choses avant que le mal soit fait, mais la prochaine fois? Elle décide de demander l'aide de Max.

"Max, ça ne peut plus durer comme ça. Marilyn a encore essayé d'embrouiller la commande pour El Mirage. Je m'en suis rendu compte à temps, et tout est parti à la date prévue. Mais je suis terriblement inquiète pour les commandes futures. Qu'est-ce que je peux faire pour l'empêcher de recommencer?

– J'ai mené ma petite enquête de mon côté. Elle a bien des choses à cacher, la Marilyn. Je ne veux rien dire maintenant, il me faut d'autres preuves. En tous cas, ne t'inquiète pas. Elle ne pourra pas faire ce chantage pendant bien longtemps."

LE REGLEMENT D'UN COMPTE

1. La facturation	Understanding invoices
2. Les paiements	Methods of payment
3. Un détail, vous n'avez pas payé	Statements and reminders about non-payment
4. Des milliards de francs	Exchange rates, changing money

Mots indispensables
- parts of an invoice: page 98
- methods of payment: page 101
- describing exchange rates: page 106

Expressions indispensables
- explaining mistakes on invoices: page 100
- invoices, statements: page 102
- reminders: page 105

Questions de langue
- using constructions with depuis: page 102

1. La facturation

MOTS INDISPENSABLES

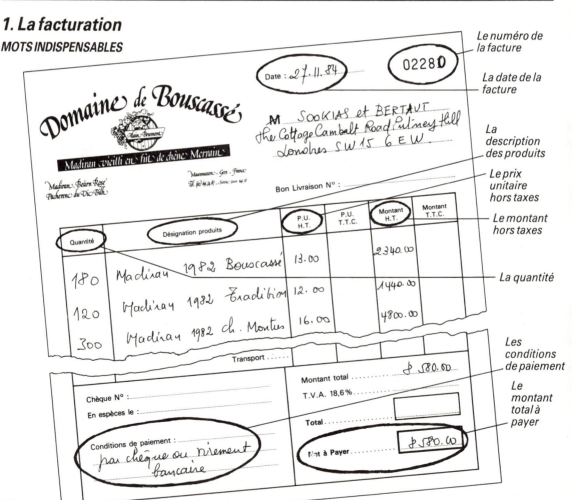

Exercise 1:   *Regardez la facture.*

Trouvez l'équivalent en anglais des expressions ci-dessous. Cherchez les mots dans le dictionnaire, si vous les connaissez pas.

T.V.A. (taxe à la valeur ajoutée)   montant total
T.T.C. (toutes taxes comprises)   net à payer
P.U. (prix unitaire)   conditions de paiement
H.T. (hors taxes)   désignation produits

C'est compris?   Ecoutez la bande.

Ecrivez les numéros de factures que vous entendez.

DOCUMENTATION

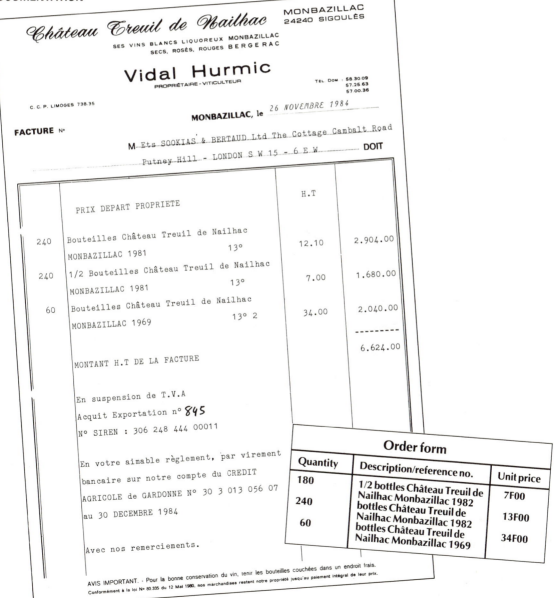

Château Treuil de Nailhac
MONBAZILLAC
24240 SIGOULÈS

SES VINS BLANCS LIQUOREUX MONBAZILLAC
SECS, ROSÉS, ROUGES BERGERAC

Vidal Hurmic
PROPRIÉTAIRE - VITICULTEUR

TEL. DOM : 58.30.09
57.25.63
57.00.36

C. C. P. LIMOGES 738.35

MONBAZILLAC, le 26 NOVEMBRE 1984

FACTURE N°

M Ets SOOKIAS & BERTAUD Ltd The Cottage Cambalt Road
Putney Hill - LONDON S.W 15 - 6 E.W   **DOIT**

		H.T	
	PRIX DEPART PROPRIETE		
240	Bouteilles Château Treuil de Nailhac MONBAZILLAC 1981 13°	12.10	2.904.00
240	1/2 Bouteilles Château Treuil de Nailhac MONBAZILLAC 1981 13°	7.00	1.680.00
60	Bouteilles Château Treuil de Nailhac MONBAZILLAC 1969 13° 2	34.00	2.040.00

			6.624.00

MONTANT H.T DE LA FACTURE

En suspension de T.V.A
Acquit Exportation n° **845**
N° SIREN : 306 248 444 00011

En votre aimable règlement, par virement
bancaire sur notre compte du CREDIT
AGRICOLE de GARDONNE N° 30 3 013 056 07
au 30 DECEMBRE 1984

Avec nos remerciements.

Order form

Quantity	Description/reference no.	Unit price
180	1/2 bottles Château Treuil de Nailhac Monbazillac 1982	7F00
240	bottles Château Treuil de Nailhac Monbazillac 1982	13F00
60	bottles Château Treuil de Nailhac Monbazillac 1969	34F00

AVIS IMPORTANT. - Pour la bonne conservation du vin, tenir les bouteilles couchées dans un endroit frais.
Conformément à la loi N° 80.335 du 12 Mai 1980, nos marchandises restent notre propriété jusqu'au paiement intégral de leur prix.

Exercice 2:   *Regardez la documentation.*

You have to translate the main points of the invoice into English for the accounts department. You should include:
– a description of the goods supplied
– whether the cost of transport is included
– the method of payment required
– the date that payment is due
– whether any V.A.T. is payable or not

Exercice 3:   *Regardez la documentation.*

The accounts department has sent you back the invoice and a copy of the original order, asking you to check that the invoice corresponds with what was ordered. The delivery note has been lost.

First make a list of any differences in English for the accounts department. Then, translate the list into French, so the accounts department can send it to the supplier. Your headings might be:
– description of goods
– quantity ordered
– quantity invoiced
– unit price when ordered
– unit price invoiced
– total amount of difference in francs

EXPRESSIONS INDISPENSABLES

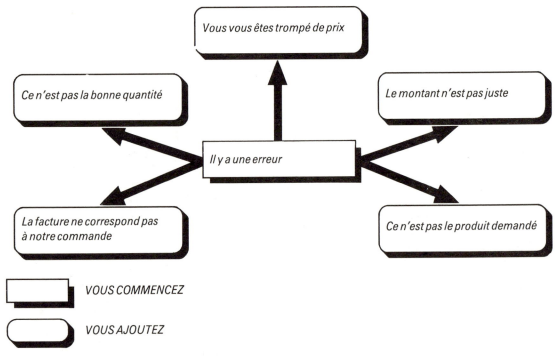

Vous vous êtes trompé de prix

Ce n'est pas la bonne quantité

Le montant n'est pas juste

Il y a une erreur

La facture ne correspond pas à notre commande

Ce n'est pas le produit demandé

VOUS COMMENCEZ

VOUS AJOUTEZ

Jeu de rôle: *Avec un(e) partenaire.*

Vous avez noté quelques différences entre un bon de commande et la facture correspondante. Imaginez la conversation si le client téléphone au fournisseur pour lui parler à ce sujet.

2. Les paiements

MOTS INDISPENSABLES

Comment payer?
en espèces

par chèque bancaire

avec une carte de crédit

en timbres

Exercice 4: *Lisez les mots indispensables.*

Lisez ces expressions françaises. Trouvez l'expression anglaise correspondante.

par virement bancaire	by postal order
par traite à 60 jours	by direct debit
par mandat	cash on delivery
par prélèvement automatique	by bank transfer
à la réception	by bill of exchange at 60 days

Exercice 5: *Lisez les mots indispensables.*

Vous avez commandé des vêtements par correspondance. Choisissez le mode de paiement que vous préférez. Donnez vos raisons.

A LA COMMANDE...
Vous pouvez joindre votre paiement à votre bon de commande mais vous pouvez bien sûr...

PAYER A LA LIVRAISON
... directement au livreur ou au facteur quand il apporte votre colis. Dans ce cas, il faut ajouter au total les frais de contre-remboursement (16,10 F selon la taxe en vigueur au 1.8.85).

AVEC UNE CARTE BANCAIRE... CB
Les cartes bancaires nationales: Carte Bleue, Crédit Agricole, Crédit Mutuel ainsi que les cartes bancaires internationales Visa et Eurocard sont maintenant acceptées à La Redoute à condi-tions qu'elles portent les initiales C.B. Nous vous rappelons que votre carte vous sera demandée dans les magasins et les Rendez-Vous Catalogue. Le montant de votre livraison sera alors prélevé directement sur votre compte en banque.

C'est compris? *Ecoutez la bande.*

Vous entendez des fournisseurs donner des détails sur le règlement de leur compte.
Notez:
- le nom de l'article
- le montant qu'il faut payer
- l'échéance (date à laquelle le paiement est dû)
- la méthode de paiement

3. Un détail, vous n'avez pas payé

EXPRESSION INDISPENSABLES

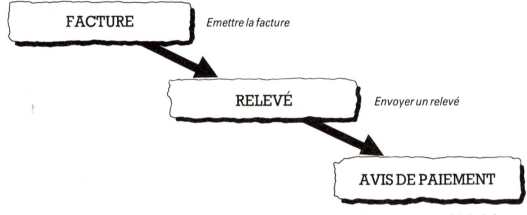

FACTURE — *Emettre la facture*

RELEVÉ — *Envoyer un relevé*

AVIS DE PAIEMENT

Régler la facture

Conversation: *Ecoutez la bande.*

- Allô, service comptabilité.
- Bonjour, Monsieur. C'est la Société Clifden. Je vous appelle concernant la facture numéro 1084, qui date du 23 mars. Nous n'avons pas reçu votre règlement.
- Ne quittez pas. Je vais me renseigner . . . allô, Madame, il paraît que nous n'avons pas reçu votre facture.
- Ce n'est pas possible. La facture a été émise le 23 mars et un relevé a été envoyé le 30 avril.
- Il est possible qu'ils aient été perdus. Il y a eu des retards dans le courrier récemment.
- Je vous envoie un duplicata de la facture aujourd'hui, mais je vous demande expressément de la régler par retour du courrier.

Exercice 6: *Lisez la conversation.*

Prepare a memo in English for the accounts department, giving details of the telephone conversation and what documents have to be sent to the customer.

QUESTIONS DE LANGUE

Le mot **depuis** a deux équivalents en anglais: – **for** – **since**

Exemple: Le taux d'échange est resté fixe depuis la guerre.
The exchange rate has remained fixed since the war.

Exemple: Nous attendons le règlement depuis trois mois.
We have been waiting for settlement of the account for three months.

Attention! Notez bien le deuxième exemple en français où le verbe est au présent.

Jeu de rôle: *Avec un(e) partenaire.*

Imaginez ces conversations au téléphone entre un client et un fournisseur.

A. Depuis des années une entreprise vous fournit du vin pour vos restaurants. Un jour ce fournisseur téléphone pour demander le règlement d'une facture qui date de plusieurs mois. Il s'agit d'une commande de 10 caisses de vin. Le fournisseur menace de vous refuser toute commande tant que la facture n'est pas payée.

B. Il s'agit d'une commande d'ustensiles de cuisine pour les restaurants. La facture a été émise le 2 janvier, mais au 30 mars elle n'est toujours pas réglée. Le fournisseur est très en colère et demande le règlement immédiat de la facture. Le client est obligé de donner des excuses. Voici quelques exemples:

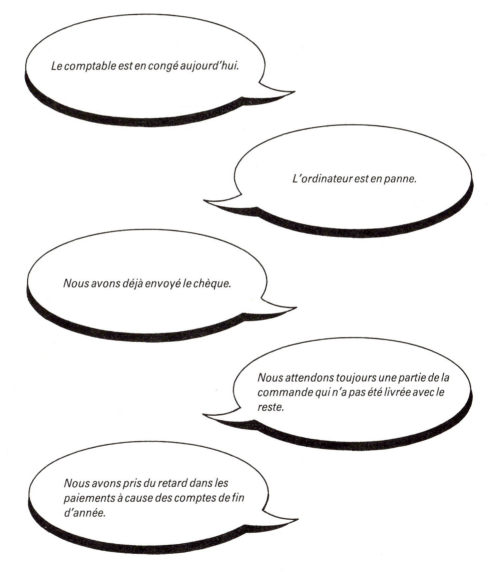

Le comptable est en congé aujourd'hui.

L'ordinateur est en panne.

Nous avons déjà envoyé le chèque.

Nous attendons toujours une partie de la commande qui n'a pas été livrée avec le reste.

Nous avons pris du retard dans les paiements à cause des comptes de fin d'année.

Jeu de rôle: *En groupes de trois.*

Faites le jeu de rôle ci-dessus, mais cette fois-ci, le client ne parle pas français, le fournisseur ne parle pas anglais et quelqu'un doit faire l'interprète entre les deux.

DOCUMENTATION

AMPUIS, LE 14 NOVEMBRE 1985

MESSIEURS ,

COMPTE TENU DES CONDITIONS DE REGLEMENT CONVENUES, ET SAUF
ERREUR DE NOTRE PART, VOTRE COMPTE PRESENTE, A CE JOUR,
UN SOLDE EXIGIBLE DE F. 743,93 .

IL EST POSSIBLE QU'UN NOUVEAU REGLEMENT NOUS AIT ETE ADRESSE
TRES RECEMMENT, DANS CE CAS NOUS VOUS DEMANDONS DE NE PAS
TENIR COMPTE DE CE RAPPEL.

NOUS VOUS SERIONS RECONNAISSANTS DE BIEN VOULOIR PROCEDER
IMMEDIATEMENT A L'ENVOI DE LA SOMME INDIQUEE CI-DESSUS.
LA MISE A JOUR DE VOTRE COMPTE EST INDISPENSABLE POUR QUE
VOS TRAVAUX FUTURS NE SUBISSENT AUCUN RETARD.

NOUS VOUS PRIONS D'AGREER, MESSIEURS, NOS SALUTATIONS
DISTINGUEES.

date facture	désignation	date echeance	montant
		31 10 85	743,93
30 09 85	FAC 01 09		**743,93**
	SOLDE ECHU	30 11 85	2 890,21
31 10 85	fac 01 10		3 634,14
	SOLDE TOTAL DU		

Exercice 7:   *Regardez la documentation.*

You have received this statement at the office. With the help of a dictionary, find out the following information:
   – what payments are outstanding
   – what your company has to do
   – what will happen if the account is not settled immediately

EXPRESSIONS INDISPENSABLES

Nous serions heureux que vous puissiez effectuer le règlement:
– par retour
– dès que possible
– dans la huitaine

Nous serons obligés de poursuivre le recouvrement:
– par voies de droit
– par voie litigieuse

Exercice 8:   *Lisez les expressions indispensables.*

Ecrivez une lettre ou un télex faisant suite aux situations **A** ou **B** du jeu de rôle à la page 103.

4. Des milliards de francs

RENSEIGNEMENTS

Il y a des francs de toutes sortes: francs français, belges, suisses et . . . CFA. Ils ont tous une valeur différente par rapport à la livre sterling.

Le franc CFA est l'unité monétaire de plusieurs pays d'Afrique de l'Ouest qui étaient des colonies françaises, par exemple le Sénégal et la Côte d'Ivoire. CFA signifie Communauté Financière Africaine.

La France a établi le franc CFA afin de faciliter le commerce entre la France et les pays francophones d'Afrique de l'Ouest. Depuis la deuxième guerre mondiale, le taux de change du franc CFA par rapport au franc français est resté fixe: 50F CFA = 1F.

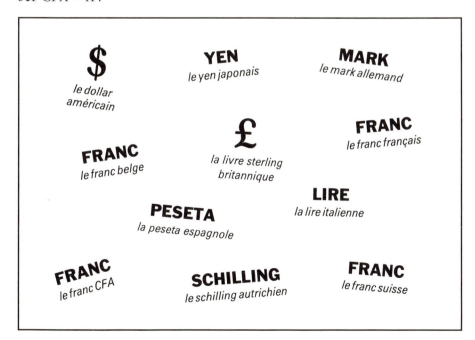

Exercice 9:   *Lisez les renseignements.*

Someone in the accounts department has received an invoice in CFA francs. Explain what you know about them.

MOTS INDISPENSABLES

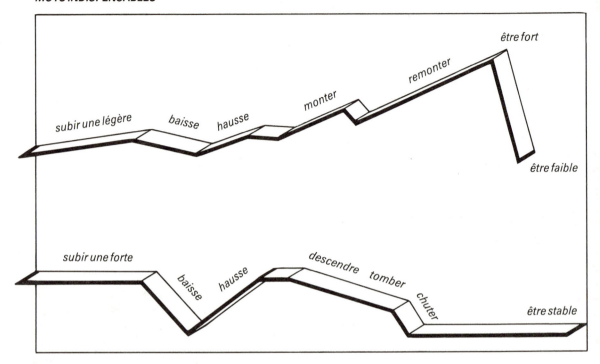

Exemple: Le franc belge a subi une légère hausse par rapport à hier.
Le cours du dollar commence à tomber.
Depuis janvier la livre sterling a chuté.
Le franc français est faible par rapport au dollar.

RENSEIGNEMENTS

Le taux de change des monnaies change tous les jours
Les changements sont publiés dans les journaux.
Il y a deux taux différents: un pour ceux qui achètent
et un autre pour ceux qui vendent.

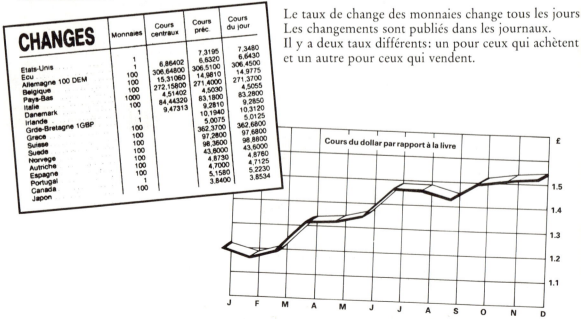

CHANGES	Monnaies	Cours centraux	Cours préc.	Cours du jour
	1		7,3195	7,3480
	1	6,86402	6,6320	6,6430
Etats-Unis	100	306,64800	306,5100	306,4500
Ecu	100	15,31060	14,9810	14,9775
Allemagne 100 DEM	100	272,15800	271,4000	271,3700
Belgique	100	4,51402	4,5030	4,5055
Pays-Bas	1000	84,44320	83,1800	83,2800
Italie	100	9,47313	9,2810	9,2850
Danemark	1		10,1940	10,3120
Irlande	1		5,0075	5,0125
Grde-Bretagne 1GBP	100		362,3700	362,6800
Grece	100		97,2800	97,6800
Suisse	100		98,3600	98,8800
Suede	100		43,6000	43,6000
Norvege	100		4,8730	4,8760
Autriche	100		4,7000	4,7125
Espagne	100		5,1580	5,2230
Portugal	1		3,8400	3,8534
Canada	100			
Japon				

Cours du dollar par rapport à la livre

£
1.5
1.4
1.3
1.2
1.1

J F M A M J J A S O N D

C'est compris? *Ecoutez la bande.*

On vous donne des prix en francs suisses au téléphone. Notez les prix. Ensuite, en utilisant le taux d'échange donné dans les renseignements, trouvez les équivalents en francs français.

Exercice 10: *Lisez les renseignements.*

Les taux de change du jour pour le franc français, ont-ils monté ou descendu par rapport à hier?

Décrivez la situation pour les monnaies suivantes:
– la peseta espagnole
– le franc belge
– le dollar canadien
– le yen japonais
– le schilling autrichien

Exemple: Le taux de change du franc français par rapport au franc belge a descendu depuis hier.
Le taux de change franc français/franc belge a subi une légère baisse par rapport à hier.

Entendu?  *Ecoutez la bande.*

Ecoutez ces conversations à la banque.
Notez les détails suivants:
– l'unité monétaire qu'on veut changer
– le taux de change
– si l'unité en question a baissé, augmenté ou est restée stable par rapport au franc français

Conversation: *Ecoutez la bande.*

– Bonjour, Madame.
– Bonjour, Mademoiselle. Je voudrais changer de l'argent, s'il vous plaît.
– Des livres sterling? Vous voulez en changer combien?
– Cinquante livres. Le taux de change est à combien aujourd'hui?
– A 68 francs belges pour une livre. La livre a remonté légèrement depuis hier. Vous avez votre passeport?
– Le voilà.
– Signez ici, s'il vous plaît. Voilà votre reçu. Passez à la caisse. Au revoir, Madame.

Jeu de rôle: *Avec un(e) partenaire.*

Vous êtes en voyage d'affaires au Gabon et vous voulez changer de l'argent.
Imaginez la conversation avec l'employé de banque.

Dossier spécial

The situation Your company is ordering Christmas gifts to send to clients. The choice is to be made out of a catalogue sent by a French firm.

The people who are to receive gifts are:
- the managing director of a company with whom your company has had dealings for many years
- the buyer from a new client company
- a client who has given your company fewer orders this year than last.

What you have
to do

1. You have been given the job of choosing the gifts which the clients will receive and filling out the order form. (See Worksheet 24.)
2. A month before Christmas the order has still not arrived. The sales director asks you to chase up the order. Write a telex about the non-delivery.
3. When this fails to bring results, telephone the company in France. With a partner, imagine the conversation.
   Write a memo in English to the sales director explaining what you have done and with what results.
4. The transport company making the delivery wants information about where to deliver. Describe how to reach your offices from the nearest motorway exit. (See Worksheet 25.) With a partner, imagine the telephone conversation.
5. The order arrives but it is incomplete. Decide what you should do. You can either:
   - send a telex asking for the outstanding items to be sent urgently, because it is nearly Christmas
   - write asking for a refund on the missing goods and complain about the poor service

   L'OREILLE EN COIN

Max continue son enquête. Il essaye d'obtenir des preuves que Sylvie n'est réellement pas en contact avec son oncle. Il va voir la mère de Sylvie.

"Bonjour Madame. Je suis un collègue et ami de votre fille Sylvie. Une femme au bureau lui fait du chantage: elle menace de révéler au patron que Sylvie est la nièce de Méchon, notre plus gros concurrent. Pourriez-vous me donner des preuves que Sylvie ne fait pas de l'espionnage pour le compte de son oncle?

– C'est très facile. Mon frère et moi avons hérité de Plusgros de notre père. La maison marchait bien, nous avions de grosses commandes, les clients payaient bien. Je crois que le succès est monté à la tête de mon frère. Il a commencé à faire des bêtises: falsifier des factures, signer des chèques à des fournisseurs imaginaires, déposer ces chèques sur un compte ouvert sous un faux nom . . . Finalement, un des comptables s'en est rendu compte et m'a prévenue. Mon frère a alors décidé de vendre la compagnie, mais en fait, il l'a rachetée lui-même grâce à un intermédiaire. Et puis il a changé de nom. Voilà. Tout cela s'est passé il y a quinze ans. Sylvie avait 10 ans à l'époque. Je suis prête à témoigner devant un tribunal qu'elle n'a jamais revu son oncle depuis.

– Pourquoi n'avez-vous rien dit à la police?" demande Max.

"C'est mon frère, vous voyez. C'est difficile d'aller voir la police et de dire: Mon frère est un voleur. J'ai préféré me taire pour éviter un scandale.

– Avez-vous entendu parler de Marilyn Contetout par hasard?

– Bien sûr, c'est sa fille!"

DEJEUNER D'AFFAIRES

1. Invitation à déjeuner	Giving formal/informal invitations
2. On va manger où?	Expressing likes and dislikes
3. Les spécialités de la maison	Making recommendations, explaining the menu
4. Menus propos	Conversation starters
5. Ce n'est pas comme ça chez nous	Expressing surprise
6. Comment vont les affaires?	Talking about business

Expressions indispensables	– issuing invitations: page 109
	– expressing likes/dislikes: page 111
	– making recommendations: page 115
	– expressing surprise: page 117
	– talking about business: page 118

1. Invitation à déjeuner
EXPRESSIONS INDISPENSABLES

Invitations par écrit

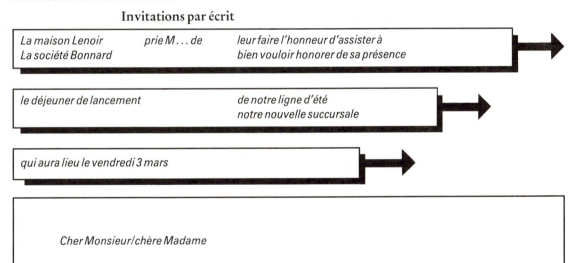

La maison Lenoir	prie M . . . de	leur faire l'honneur d'assister à
La société Bonnard		bien vouloir honorer de sa présence

le déjeuner de lancement	de notre ligne d'été
	notre nouvelle succursale

qui aura lieu le vendredi 3 mars

Cher Monsieur/chère Madame

Voulez-vous nous faire le plaisir de déjeuner avec nous le 6 août à 12h30.

Croyez, Monsieur/Madame à nos sentiments les meilleurs.

R.S.V.P.

EXPRESSIONS INDISPENSABLES

Invitations à l'improviste

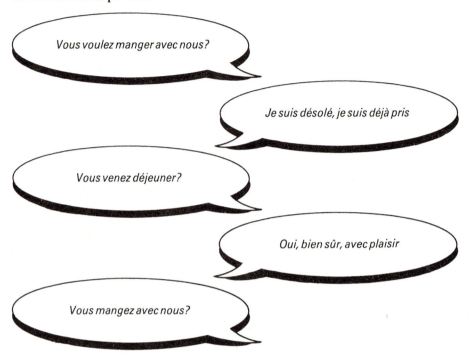

Conversation: 🔲 Ecoutez la bande.

- Bonjour, Monsieur Lambert. J'espère que votre séjour chez nous se passe bien.
- Oui, tout va très bien, merci.
- Vous voulez manger avec nous ce midi? C'est un déjeuner spécial pour fêter le lancement de la nouvelle succursale.
- Oui, bien sûr, avec plaisir.
- Je passerai vous prendre à midi et demi.
- D'accord. A tout à l'heure.

Exercice 1: Lisez les expressions indispensables.

LE ROCK BOUTIQUE

Le confort garanti!

Collection automne-hiver

PARIS-NEW YORK

Les prix les moins chers!

Ecrivez une invitation à un déjeuner d'affaires. N'oubliez pas de préciser la date, le lieu et le nom de la personne que vous invitez.
A. A l'occasion du lancement de la ligne d'automne d'une maison de haute couture.
B. A l'occasion de la prom............ ....veau service de vols transatlantiques d'une compagnie aérienne.

Jeu de rôle: *Avec un(e) partenaire.*

Nom	Table
Mme S. Baudry	1
Mlle A. Blanc	3
M. B. Dupré	3
M. J. Gautier	2
M. T. Gires	1
Mlle Y. Hérard	2
Mme B. Leclerc	3
Mme G. Lesieur	2
Mlle J. Michel	2
M. C. Pommier	3
M. G. Roland	2
Mlle V. Sabatier	1
M. P. Saulnier	3
M. E. Thierry	1
M. P. Villier	1

Choisissez l'un des évènements de l'exercice 1. Vous êtes chargé de recevoir les invités qui arrivent au déjeuner. Vous devez trouver le nom de l'invité sur votre liste et expliquer à quelle table l'invité doit s'asseoir. Expliquez également le programme après le déjeuner.

2. On va manger où?

EXPRESSIONS INDISPENSABLES

J'aime beaucoup...	Je n'aime pas trop...
J'adore...	Je n'aime pas du tout...
J'aime assez...	Je déteste...
Ça ne me déplaît pas	J'ai horreur de...
Ce n'est pas mal	Ce n'est pas terrible
Je trouve ça très bien	C'est lamentable

Conversation:  *Ecoutez la bande.*

– Eh bien, on va manger où?
– Si on allait au Cheval Blanc; ils font des plateaux de fruits de mer extraordinaires.
– Moi, j'ai horreur des fruits de mer. Ils me rendent malade. J'ai été une fois à la pizzeria là-bas. J'ai trouvé ça très bien, et c'était pas trop cher.
– Mais, ce n'est pas terrible. L'ambiance n'est pas bonne le samedi, il y a trop de monde. En plus, le service laisse à désirer et les plats, disons qu'ils ne font rien de spécial.
– Alors, je vais vous proposer une chose. Comme on n'arrive pas à se mettre d'accord, venez chez moi. Je vais vous faire un steak frites superbe!

Exercice 2: *Lisez les expressions indispensables à la page 111.*

Classez les deux groupes de phrases par ordre d'intensité. Commencez par le plus faible.
Exemple: Ça ne me déplaît pas.

Exercice 3: *Lisez les expressions indispensables.*

On a visit to Abidjan you tried the food in a number of restaurants. You enjoyed some more than others. You enjoyed the West Indian specialities and think African food isn't bad, but you aren't very keen on Italian food and can't stand fish.

In a letter to a French-speaking business colleague describe your opinions of these restaurants.
Exemple: J'aime la cuisine chez Emilie et Manga. Ils font des spécialités africaines . . .

RENSEIGNEMENTS

Jeu de rôle: En groupe.

Avec des collègues britanniques vous faites un voyage d'études à Paris. Accompagnés des représentants français de la société que vous visitez, vous décidez d'aller manger tous ensemble quelque part. Il faut choisir le restaurant. Imaginez la conversation.

Exercice 4: Votre société reçoit la visite des représentants de votre agence belge. Au cours de la visite il y aura un déjeuner et vous devez choisir un restaurant. Faites une liste en français des points que vous avez pris en considération avant d'arriver à votre décision.

3. Les spécialités de la maison

RENSEIGNEMENTS

La fondue est une spécialité des Alpes. C'est fait avec du fromage fondu et du vin blanc, dans un poêlon en terre. On ajoute un peu de kirsch, du poivre et de la muscade. A table, le poêlon est mis sur un réchaud pour que la fondue reste liquide. Pour manger, on trempe des morceaux de pain avec une fourchette dans la fondue.

La raclette est une spécialité suisse. La moitié d'un fromage du Valais est exposée à un grill. La chaleur fait fondre la surface du fromage. Avec la lame d'un couteau, on fait glisser dans l'assiette le fromage fondu. On sert la raclette avec des pommes de terre bouillies, et des oignons et des cornichons au vinaigre.

Le canard à l'orange est une spécialité française. Le canard est fourré avec des oranges pelées et coupées en morceaux, avant d'être rôti au four. Une sauce est faite avec le zeste des oranges, de la farine, du beurre. De la liqueur d'oranges est servie avec le canard rôti.

Exercice 5: Lisez les renseignements.

You are in Switzerland with a group of British business colleagues. They ask you to explain in English what some of the dishes on the menu are.

EXPRESSIONS INDISPENSABLES

| Je vous propose/conseille le... | → | C'est très bon
C'est délicieux
C'est la spécialité de la région/du chef |

| Je vous déconseille le... | → | Ce n'est pas bon |

Exercice 6: *Regardez la carte.*

Vous allez manger au restaurant avec des visiteurs francophones. Voici la carte.

SIMPSON'S
IN-THE-STRAND

joints for the day
Including Cabbage and Roast Potatoes
ROAST SIRLOIN OF BEEF, YORKSHIRE PUDDING £9.25
ROAST SADDLE OF LAMB, RED CURRANT JELLY £9.25
ROAST AYLESBURY DUCK (half), APPLE SAUCE £8.50

——— special dishes ———

Quails with Apples and Madeira Sauce £8.80
Veal Escalope with Tomato and Cucumber £8.80
Roast Whole Spring Chicken with Bacon,
Game Chips and Bread Sauce £6.00 (40 minutes)
Casserole of Beef with Button Onions and Mushrooms £6.50
Grilled Fillet Steak Garnished £8.80
Steak, Kidney & Mushroom Pie £6.00
Calves Liver and Bacon £7.50
Breast of Duck with Cranberry and Orange Sauce £7.50

A. Expliquez-leur comment on prépare les plats.
Exemple: Le steak and kidney pudding est un plat typiquement britannique.
C'est fait avec du steak et des rognons cuits dans une sauce. Le tout est
mis en croûte et cuit au four.
B. Qu'est-ce que vous leur conseillez?
Exemple: Je vous propose le steak and kidney pudding. C'est la spécialité de la
maison et c'est très bon.

Exercice 7: *Regardez la carte.*

Soup of The Day
Smoked Scotch Salmon Paté

*

Roast Rib of Beef & Yorkshire Pudding
Roast Saddle of Lamb & Red Currant Jelly
Cabbage and Roast Potatoes

*

Simpson's Treacle Roll
Cream Caramel

This menu is suggested for a dinner to be held at the end of a forthcoming conference. You have to send it to your company's office in France. Write a short description of the different dishes in French.

4. Menus propos

EXPRESSIONS INDISPENSABLES

Vous vous appelez comment?
C'est quoi votre prénom?
C'est votre première visite?
Ça fait longtemps que vous travaillez chez Lebon?
Si je peux me permettre:
– vous habitez où?
– vous êtes marié(e)?
– vous avez des enfants?

Exercice 8: *Lisez les expressions indispensables.*

Vous êtes à un déjeuner d'affaires. Vous avez déjà posé les questions des expressions indispensables. Quelles sont les autres questions que vous pourriez poser?

Jeu de rôle: *Avec un(e) partenaire.*

Posez à votre partenaire les questions des expressions indispensables et celles que vous avez trouvées vous-même.

Points de vue: *En groupe.*

Il y a certaines questions qu'on ne se permet pas de poser à un(e) inconnu(e). Quelles sont-elles?
    Discutez-en.

Points de vue: *En groupe.*

A. Quelles sont les choses qui vous intéressent, ou même, vous passionnent? Préparez un petit exposé sur vos loisirs préférés, à présenter devant le groupe. Par la suite, le groupe vous posera des questions.
B. Un article d'un journal ou d'une revue vous a frappé? Parlez-en à votre groupe qui vous posera des questions sur l'article.

RENSEIGNEMENTS

Vous ne savez plus quoi dire? Alors parlez du temps!

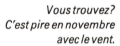
Il fait toujours aussi froid ici? On se croirait en plein hiver.

Vous trouvez? C'est pire en novembre avec le vent.

J'ai l'impression qu'il fait toujours plus beau ici.

Pas toujours. L'année dernière il n'a pas arrêté de pleuvoir.

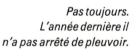

Jeu de rôle: *Avec un(e) partenaire.*

Au mois de janvier vous êtes à un déjeuner d'affaires à Londres et vous discutez avec un client du Gabon où le climat est tropical et où il fait toujours très chaud.
    Imaginez la conversation.

5. Ce n'est pas comme ça chez nous
EXPRESSIONS INDISPENSABLES

Ce n'est pas croyable!   Mais c'est pas possible!
Je n'en reviens pas!   C'est surprenant!
C'est étonnant!

RENSEIGNEMENTS

Exercice 9: *Lisez les expressions indispensables et les renseignements.*

Make a list of the expressions which it would be appropriate to use at a formal lunch and those which should only be used among friends.

6. Comment vont les affaires?

EXPRESSIONS INDISPENSABLES

Les affaires vont bien?
Ça marche, les affaires?

Oui, tout va bien.
Ça marche.
Oui et non. Pas terrible!

Conversation: *Ecoutez la bande.*

– Alors, les affaires, ça marche?
– Oui, tout va bien. Les ventes ont augmenté de 12% par rapport à l'année dernière, surtout pour les vins de table.
– Je m'intéresse plutôt à un autre secteur du marché – les vins d'appellation contrôlée. Les blancs secs de Beaujolais sont très bons cette année. Le champagne aussi se vend bien.
– Oui, j'ai remarqué que les ventes de vins rouges ont baissé par rapport à celles de vins blancs. Le vin blanc est plus léger pour l'été.
– Et les vins doux?
– Ça marche. Depuis quelques années, on porte beaucoup plus d'intérêt aux vins doux, surtout en Grande Bretagne.

Jeu de rôle: *Avec un(e) partenaire.*

Vous vendez du matériel téléphonique et vous déjeunez avec votre représentant français. Au cours du repas vous parlez des ventes. En Grande Bretagne, les ventes de postes téléphoniques ont baissé de 5% depuis l'année dernière, mais celles de répondeurs automatiques sont restées stables. En France, les ventes de postes et de répondeurs automatiques augmentent. Imaginez la conversation.

Points de vue: *En groupe.*

Mettez-vous en quatre groupes. Vous êtes des représentants à une conférence, vous venez d'Irlande, de France, de Belgique et du Canada. Vous vous retrouvez pour le déjeuner. Lisez les renseignements ci-dessous et expliquez comment allaient les affaires au cours de l'année dernière et comment résoudre les problèmes pour l'année prochaine.

Rowntree Mackintosh Canada
En 1984, le marché canadien a présenté 2 caractéristiques principales:
d'abord une politique aggressive de discount de la part de la concurrence et d'autre part des importations à bas prix aidées par le taux de change élevé du dollar. Malgré ces facteurs, Rowntree Mackintosh Canada a augmenté ses ventes et ses résultats.
Coffee Crisp a consolidé sa position de leader sur le marché des barres. Black Magic et Dairy Box ont été relancés avec succès avec un meilleur packaging et une meilleure publicité.

Rowntree Mackintosh Irlande
Deux grèves au cours de la première moitié de 1984 ont considérablement réduit notre possibilité de livrer nos produits aux consommateurs et les résultats ont donc été décevants.
Les ventes de Kit Kat, Aero et Polo ont progressé et la réorganisation des fonctions vente et marketing devrait aider de nouveaux progrès des ventes.
Au cours de l'année, le département des gélifiés a été fermé et les Pastilles, Gums et Jellytots sont maintenant importés d'Angleterre où les coûts sont plus faibles.

France
Les ventes de produits de marque ont augmenté en 1984. Au début de l'année un nouveau produit, Folky, a été lancé. Il s'agit d'une gamme de mini-tablettes de chocolat présentées dans un format qui n'avait pas été utilisé en France auparavant. Les ventes sont encourageantes.
Au cours de 1984, la société française a regroupé ses 2 forces de vente en une seule, chargée de vendre l'ensemble de la gamme des produits de marque.

Belgique
La situation commerciale est demeurée difficile en Belgique en 1984.
Cependant les volumes de vente ont augmenté du fait du lancement réussi de Kit Kat.
Des relations plus étroites entre la Hollande et la Belgique ont été établies au niveau de la direction et de l'exploitation, ce qui devrait entraîner de nouvelles améliorations, en 1985.

    L'OREILLE EN COIN

Max invite Sylvie à déjeuner. Il veut lui raconter ce qu'il a appris sur Méchon.

"Qu'est-ce que tu prends, Sylvie? Pour moi ce sera une choucroute garnie.

– Je n'ai pas très faim. Je vais prendre une salade niçoise. On boit quelque chose?

– Oui, un Bordeaux, s'il vous plaît. Bien. Sylvie, je suis allé voir ta mère hier. Je lui ai tout dit. Elle m'a raconté ce qui s'est passé avec ton oncle, les fraudes, la vente de Plusgros, tout. Elle est prête à témoigner que tu es innocente.

– Quel soulagement. Tu sais, Max, je ne l'ai réellement jamais revu depuis cette affaire.

– Ta mère m'a aussi appris quelque chose d'autre: Contetout est la fille de Méchon!

– Quoi? Sa fille! Je suis sûre maintenant qu'elle travaille pour lui. Il faut absolument prévenir M. Lebosse pour qu'il l'empêche définitivement de causer des problèmes à Novocadeau.

– Et regarde, "dit Max," ces photos que j'ai prises de l'entrevue où elle lui a remis le faux devis que j'avais laissé sur mon bureau.

– Cette fois-ci, son compte est bon!"

TELECOMMUNICATIONS

1. Le télex	Understanding telex abbreviations
2. Le traitement de texte	Word processing
3. Le Minitel	Using a terminal
4. Le Télétel	Information about teletext systems
5. L'informatique	How a computer works
6. La bureautique	Translating instructions, office systems
Mots indispensables	– telex abbreviations: page 120
	– parts of a word processor: page 122
	– computer hardware: page 130

1. Le télex

MOTS INDISPENSABLES

compte	cpte
expédier	exp.
Madame	MME
Mademoiselle	MLLE
Mesdames	MMES
Mesdemoiselles	MLLES
Messieurs	MM.
Monsieur	M.
notre	N/
nous	NS
votre	V/
vous	VS
par exemple	P.EX.
ses	SS
s'il vous plaît	SVP

DOCUMENTATION

```
TX 13520        30/10/           /FS

MESSAGE POUR M. PROWSE - LONDRES

MERCI POUR VOTRE LETTRE DU 18/10/84H   NOUS AVONS BIEN NOTE
LES SPECIFICATIONS DE LA CDE A LIVRER FIN DECEMBRE
(AU PRIX FERME) ET POUR CE QUI CONCERNE LES 7,5 TONNES A
LIVRER EN FEVRIER NOUS POUVONS FAIRE LE PRIX DE FF 725/100 KILOS
(OU 622 LGS) FERME POUR CE DELAI.
GRAMMAGE STANDARD 113 (ET NON 115)

MEILLEURES SALUTATIONS
CARNELLI
```

```
18/5/..

ATTN DE MME BROWN

SUITE V/COMMANDE DU 20 MAI CONFIRMONS QUE NS
POUVONS LIVRER FIN JUILLET:

– 90 MONTRES A MOUVEMENT MECANIQUE, AIGUILLES,
  BRACELET METALLIQUE, REF 45169, PRIX UNITAIRE SF 95
– 120 MONTRES A QUARTZ, BRACELET PLASTIQUES,
  REF 53824, PRIX UNITAIRE SF 150

SALUTATIONS
VILLENEUVE
MONTRES VILLENEUVE
```

Exercice 1: *Regardez la documentation.*

Study these telexes carefully and make a note of:
– how to begin and end a telex message
– any abbreviations you can add to the list given. Then, give a summary in English
  of the content of the messages.

Exercice 2: *Regardez la documentation.*

Rewrite the second telex in French using abbreviations from the list where
appropriate.

DOCUMENTATION

```
TX 5263      9/4/         /FS

MESSGE POUR M. PROWSE -   U R G E N T

NOUS N ARRIVONS PAS A VOUS JOINDRE PAR TELEPHONE

CONFIRMONS NOS PRIX DE FF 675/100 KGS POUR L JGUANA (OU 590 LGS)
ET FF 650 POUR L AKIR (OUR 570 LGS)

CONFIRMEZ SVP VOTRE ACCORD ET QU'IL S'AGIT DE PAPIER MAT POUR
TOUTES LES QUALITES

MERCI POUR UNE REPONSE URGENTE SVP

SALUTATIONS
CARNELLI
```

```
Z L?ZTTCNTXON DC MONSXCUR CZRNCLLX

ZCCCPTC LCS PRXX – CT CONFXRMC QU?XL S?ZGXT DC
PZPXCR MZT POUR TOUTCS LCS QUZLXTCS.

SZLUTZTXONS
PROWSE
```

Exercice 3: *Regardez la documentation.*

Give a summary of the first telex in English. Unscramble the second one, which has
arrived garbled and translate it into English.

2. Le traitement de texte

MOTS INDISPENSABLES

L'écran

L'imprimante

L'unité de disques souples

Le clavier

DOCUMENTATION

L'écran

L'écran a été conçu pour donner à l'utilisateur le maximum de confort et de bien-être. Il peut être orienté et basculé afin de correspondre au mieux aux habitudes de travail de chacun. L'écran est traité anti-reflet et sa brillance peut être réglée à partir d'une simple commande au clavier. Les caractères frappés apparaissent en vert sur fond gris foncé, une des combinaisons de couleur les plus reposantes pour les yeux. L'écran contient 14 lignes de 80 caractères, mais, grâce au défilement horizontal et vertical, on peut obtenir jusqu'à 99 lignes ou des lignes de 254 caractères (permettant de traiter des états financiers de grand format).
Deux lignes d'état apparaissent en haut de l'écran, donnent à l'utilisateur toutes les informations nécessaires dont il peut avoir besoin: le format (marges, tabulations, début de paragraphes, longueur de page), l'espacement et l'interligne, la confirmation de chaque commande donnée au système, les demandes du système.

Le clavier

Le clavier extra-plat, détachable, a été spécialement étudié pour apporter à l'utilisateur le maximum de confort et de sûreté d'utilisation. Conforme aux normes nationales, il ressemble à celui d'une machine à écrire, avec 15 touches de contrôle et 5 touches de fonctions supplémentaires. Les touches de contrôle permettent de définir le mouvement du curseur et de donner des commandes simples.

Unités de stockage sur disques souples

L'utilisateur enregistre chaque texte sous un nom de son choix sur des disques souples magnétiques de 5 pouces 1/4. Les textes sont alors stockés et peuvent être rappelés à tout moment.

Imprimantes

Une gamme d'imprimantes permet d'adapter la configuration de l'Alcatel 7100 à la nature des documents à réaliser. Ces imprimantes à roues d'impression interchangeables assurent un travail de très haute qualité. Leur vitesse de frappe peut atteindre 50 caractères par seconde.

Exercice 4: *Regardez la documentation.*

Trouvez l'équivalent en français de ces expressions:
- spacing
- flat keyboard
- background
- to process
- function keys
- margins
- cursor movement
- line space
- save a text
- daisy wheel printer

Exercice 5: *Regardez la documentation á la page 122.*

List in English the advantages and special features of each of the pieces of equipment that make up this word processor.

DOCUMENTATION

Tout le monde peut se tromper. Mais aujourd'hui, si vous faites une fautte ou une fuate, les nouvelles machines à écrire IBM ne la laisseront pas passer. Car au fur et à mesure de votre travail, un dispositif optionnel de vérification orthographique (sauf modèle 6715) compare les mots frappés à un lexique électronique de 50 000 mots français et leurs dérivés. En outre vous pouvez y ajouter 300 termes de votre choix, pris dans votre vocabulaire professionnel par exemple. Bip! Vous venez de faire une erreur. Lorsque le mot frappé est en désaccord avec la vérification orthographique, un BIP sonore vous en avertit. Quant à vos corrections, elles sont immédiates et invisibles." Mais ce n'est pas tout. Clavier détaché, réglable et multilangage, mémoire, aides automatiques à la mise en page, selon les modèles et les options, les machines à écrire électroniques de la nouvelle gamme IBM sont équipées des fonctions les plus évoluées ; elles n'en sont que plus confortables, précises, faciles à utiliser. Pour en savoir plus, appelez gratuitement le numéro vert : 16.05.27.11.87 et à partir du 25 octobre : 05.27.11.87.

Gamme de machines à écrire électroniques IBM

SIMPLEMENT

Exercice 6: *Regardez la documentation.*

In a memo in English explain to your boss why this machine would be a good investment for your department.

Jeu de rôle: *Avec un(e) partenaire.*

Vous êtes **A** et vous voulez acheter une machine de traitement de texte ou une machine à écrire électronique.
Vous êtes **B** et vous expliquez les avantages de chacune des machines.

Exercice 7: Suite à votre jeu de rôle:
A rédige un télex de confirmation de la commande de la machine qu'il/elle achète. Il ne faut pas oublier de préciser:
– la quantité
– le nom de son entreprise
B rédige un télex pour accuser réception de cette commande.

3. Le Minitel

RENSEIGNEMENTS

Le Minitel 1 : le terminal Télétel le plus simple.

Destiné à une grande diffusion, le Minitel 1 a été conçu pour être aussi facile à utiliser.que possible, notamment grâce à ses touches de fonction en langage clair.

Ecran noir et blanc, léger, compact, doté d'un clavier de taille réduite de type AZERTY, le Minitel 1 trouve sa place partout : bureaux, commerces, ateliers, où il se branche simplement sur une prise téléphonique et sur une prise de courant 220 V.

Une prise péri-informatique permet, en cas de besoin, de raccorder différents périphériques adaptés : imprimante, micro-ordinateur...

Présentation du clavier

• Touches de fonction

• Touches numériques

• Touches alphabétiques

• Touche spéciale

Le Minitel 10 : un Minitel plus un téléphone moderne.

Conçu pour faciliter vos communications avec vos correspondants ainsi qu'avec les services Télétel, le Minitel 10 ajoute aux fonctions du Minitel 1 celles d'un poste téléphonique moderne :

• une mémoire de 20 numéros téléphoniques ou de services Télétel qui permet l'appel simplifié du correspondant :
- soit par son numéro de mémoire de 01 à 20,
- soit par un code de votre choix, de six caractères au maximum ;
• la numérotation au clavier ;
• l'appel sans décrocher le combiné ;

• l'écoute amplifiée ou collective, par haut-parleur réglable ;
• le renouvellement immédiat ou différé du dernier appel grâce à la touche "Bis" ;
• une languette "Secret" ;

Sur l'écran du Minitel 10, vous pouvez :

• contrôler le numéro demandé qui s'affiche ;
• afficher les numéros de la mémoire à tout instant sur l'écran,ce qui vous permet, par exemple, d'indiquer à un correspondant un numéro de téléphone déjà inscrit dans la mémoire.

Sur une commande simple de votre part, le Minitel 10 compose automatiquement l'un des 20 numéros de la mémoire.

Tous les autres numéros peuvent être bien sûr composés manuellement.

En cas d'échec, l'utilisation de la touche "Bis" permet de rappeler le dernier numéro demandé.

20 numéros téléphoniques de vos correspondants ou de vos services Télétel les plus fréquemment appelés peuvent être mémorisés et affichés sur l'écran du terminal.

Exercice 8: Lisez les renseignements.

In English, list the main features of these two pieces of equipment. Describe what extra features the Minitel 10 has.

4. Le Télétel
DOCUMENTATION

Télétel :

Les mots justes...

Télétel:
Nom du système français de videotex interactif. Télétel permet de transmettre et de recevoir, via le réseau téléphonique, des pages de textes et de graphismes qui s'affichent sur l'écran d'un terminal.

Minitel:
Nom des terminaux proposés par les Télécommunications pour accéder aux services Télétel.

Le Service Annuaire Electronique:
Service Télétel proposé par les Télécommunications. Accessible 24h sur 24, avec des renseignements constamment mis à jour, il permet de trouver facilement et rapidement les coordonnées d'un abonné au téléphone sur toute la France métropolitaine (DOM fin 1985).

Les services:
Applications (banques de données ou services interactifs) créées par une société ou un organisme pour être utilisées sur Télétel.

Fournisseurs de services:
Sociétés ou organismes qui mettent en œuvre un service Télétel à leur initiative. Ils sont responsables du contenu de leur service.

Serveurs:
Ensemble des moyens informatiques qui hébergent les services. Par extension, on appelle également serveurs les gestionnaires de ces moyens.

Fournisseurs de moyens:
Industriels et sociétés de services proposant aux fournisseurs de services les matériels, les outils et les conseils nécessaires à la mise en œuvre d'un service Télétel.

Exercice 9: *Regardez la documentation.*

Explain in English what Télétel is and describe each of the services offered.

Exercice 10: *Regardez la documentation.*

Traduisez ces expressions en anglais:
- le réseau téléphonique
- des graphismes
- mis à jour
- un abonné
- banques de données

Entendu? *Ecoutez la bande.*

Ecoutez ce que disent ces personnes sur les avantages de Télétel. Prenez des notes et faites une liste en anglais des possibilités offertes par ce système, en ce qui concerne la production, la gestion et le commerce.

RENSEIGNEMENTS

 GROUPE EUROPÉEN TÉLÉMATIQUE

7 BANQUES DE DONNEES DEJA A VOTRE SERVICE POUR VOUS INFORMER, COMMUNIQUER, AGIR IMMEDIATEMENT ET A TOUTE HEURE :

1) **ASSURTEL**, le Service Télématique de l'Assurance et de la Réassurance,

2) **TELEFROID**, le Service Télématique du Froid, de la Climatisation et de la Grande Cuisine,

3) **FLORTEL/SEDICOF**, le Service Express de Documentation et d'Informations pour le Commerce Floral,

4) **AFRICTROPICOM**, le Service Télématique des Marchés Tropicaux et du Monde Tropical,

5) **TELEDATA**, le Service Télématique Familial,

6) **PROFINSTITEL**, le Service Télématique du Monde Enseignant,

7) **HOTELCOM**, le Service Télématique de l'Hôtellerie,

ET INTRASYSTEMES

qui propose le service **INTRABANK** pour la consitution de banques de données internes pour les entreprises disposant de réseaux d'agents, filiales, succursales, franchises, clientèle commerciale ou industrielle.

G.E.T. Groupe Européen Télématique
Tour Orion
12/16, rue de Vincennes
93100 MONTREUIL

pariscope

Sur
MINITEL
HIT PARADE

CINEMA   RESTAURANTS

36.15.91.77
Code d'accès
SCOPE

THEATRE   JEUNES
VARIETES

24 h/24   Pariscope   7 j/7
tout Paris à domicile

(Serveur Duplex)

MAIRIE BOULOGNE BILLANCOURT
BOULOGNE-BILLANCOURT

Ce service TELETEL est mis en place progressivement. Les rubriques seront étendues à l'examen de vos suggestions.
C'est aussi un outil pour dialoguer entre l'usager et la Mairie.
Vous pouvez demander le bulletin municipal BBI.
SOMMAIRE :
LES URGENCES
VOTRE JOURNAL
LES TRANSPORTS
LA VIE PRATIQUE
EMPLOI
SERVICES PUBLICS

N'hésitez pas à nous consulter pour nous faire part de vos suggestions
MAIRIE BOULOGNE-BILLANCOURT
SERVICE RELATIONS PUBLIQUES
92100 BOULOGNE-BILLANCOURT

Exercice 11:   *Lisez les renseignements.*

Explain in English to someone who doesn't speak French:
– what these various services are
– who provides them
– how you get through to them
– what databases you have access to

Exercice 12:   *Lisez les renseignements.*

Make a list in English of:
– Télétel services for business use
– Télétel services for the private user

RENSEIGNEMENTS

guide pratique

COMMENT APPELER UN SERVICE TELETEL

1 Allumez votre Minitel à l'aide de l'interrupteur Marche-Arrêt.

La lettre **F** s'affiche peu après en haut à droite.

2 Décrochez le combiné téléphonique.

3 Composez le numéro d'appel permettant d'accéder au service Télétel *(voir page suivante)*.

4 Dès l'audition de la tonalité aiguë, appuyez sur CONNEXION/FIN

La lettre **C** apparaît à la place de **F**.

5 Raccrochez le combiné téléphonique.

6 La première page-écran apparaît après quelques secondes.

Suivez les instructions de l'écran.

Si aucune page-écran n'apparaît, renouvelez l'appel.

Exercice 13: *Lisez les renseignements.*

A French visitor to your office is trying to explain to one of your colleagues who doesn't speak French very well how to use a Minitel. Help your colleague by translating these instructions.

5. L'informatique

DOCUMENTATION

1 NOTIONS SIMPLES SUR L'INFORMATIQUE

Qu'est-ce qu'un ordinateur ?

Un ordinateur est un tout minutieusement organisé pour faire du calcul, pour tenir des comptes, pour gérer du personnel, pour garder des chiffres ou des informations en mémoire... C'est un peu comme une usine conçue pour fabriquer un ou plusieurs produits.

Très schématiquement, **un atelier industriel** comprend :
— des accès par où pénètrent les matières premières ;
— des surfaces de rangement où sont stockés les matières premières, les produits semi-finis et les produits finis ;
— des postes de travail, qui œuvrent dans les conditions prévues par les fiches de travaux rédigées par le bureau des méthodes ;
— des dégagements pour acheminer la production de l'atelier.

L'ordinateur est compartimenté de semblable manière et, quand on dit qu'il traite l'information, cela veut dire qu'il :
— enregistre, au moyen d'organes ou « périphériques » la matière première à traiter : c'est la saisie des données ;

— conserve ces informations dans des organes de stockage ou « mémoires » ;
— regroupe, combine et classe les informations en séries homogènes, effectue des calculs et des comparaisons grâce à une « unité arithmétique » et « logique » ;
— restitue le résultat des travaux au moyen d'organes ou « sorties de données » ;
— fonctionne sous la commande d'un « programme » enregistré.

Quand on fait le résumé d'un livre, on peut distinguer une série de fonctions équivalant à celles des ordinateurs qui traitent les informations.

CODIFICATIONS DES INFORMATIONS

L'ordinateur utilise, pour entrer ou restituer des informations, le système binaire tout à fait différent du système décimal conventionnel.

Le principal intérêt du système de numération binaire est de n'exiger que deux symboles différents (0 et 1).

Exemple :

9	2	7
1001	10	111

En effet, ces deux symboles seront conventionnellement représentés par un phénomène électrique ou magnétique.

Si la représentation des nombres suffit pour les travaux scientifiques, les travaux de gestion exigent l'emploi de caractères alphabétiques. Les codes alphanumériques (c'est-à-dire alphabétiques et numériques) doivent comprendre une cinquantaine de caractères environ (26 lettres + 10 chiffres + un certain nombre de symboles).

L'ensemble du traitement de l'information par les ordinateurs est appelé **informatique**.

La téléinformatique est la connexion des **ordinateurs** à des **lignes de télécommunications**, dans le but d'accéder au traitement à partir de périphériques distants, alors appelés **terminaux**. Des réseaux de **transmission de données** complexes se sont développés autour des centres informatiques, permettant d'effectuer la saisie et la restitution de l'information plus près des sources et des utilisateurs de cette information. Des procédés d'adaptation des moyens de télécommunications aux signaux **binaires** ont été développés et des **équipements de terminaisons de circuit de données,** plus couramment désignés sous le nom de **modem,** sont placés à chaque extrémité d'une ligne de transmission pour constituer un circuit de données capables d'acheminer des signaux binaires. Le circuit de données ainsi constitué n'est pas à l'abri d'erreurs affectant un pourcentage d'éléments binaires et des mécanismes de protection contre les erreurs sont mis en œuvre, ceux-ci consistent à appliquer à l'information, avant de la transmettre sur le circuit, un codage particulier, permettant de détecter à la réception la plupart des erreurs de transmission. L'ensemble des règles de communications est désigné sous le nom de **procédure de transmission.**

• Bit (binary digit) : élément binaire, c'est l'unité d'information élémentaire.

Exercice 14: *Regardez la documentation.*

Using only the information given in the texts, explain in English the meanings of the words in bold type. Afterwards, check with a dictionary that you have the correct meanings.

DOCUMENTATION

Exercice 15: *Regardez la documentation.*

Explain in English what advantages this machine has over other computers.

DANS LA PRESSE

☐ INFORMATIQUE
Promesses soviétiques

L'U.R.S.S. produira dans les prochaines années « des millions » d'ordinateurs et atteindra « vers 1990 » un niveau comparable à celui des pays occidentaux en matière de robotique, a affirmé samedi le vice-premier ministre soviétique M. Gouri Martchouk.

Hormis le secteur militaire, l'informatique est très peu répandue en U.R.S.S. : les gros ordinateurs sont réservés aux ministères, centres de recherches et grandes usines et les micro-ordinateurs ne sont produits qu'en très petite quantité.

Les media soviétiques dénoncent régulièrement le retard accumulé dans ce domaine, cependant que des émissions de vulgarisation sont de plus en plus fréquemment diffusées à la télévision. Des jeunes « pionniers » n'ont pas hésité à réciter vendredi à la tribune du Congrès un long poème à la gloire de la science et de l'ordinateur.

Le bureau politique, l'instance suprême du parti, a décidé en mars 1985 d'introduire des cours obligatoires d'initiation à l'informatique dans toutes les écoles et cette matière figure dans les programmes du secondaire depuis septembre dernier.

En matière de robotique, M. Martchouk a décaré que « vers 1990, le niveau de robotisation de l'économie soviétique ne sera pas inférieur à celui des pays capitalistes développés ».

Des données occidentales font cependant apparaître une production de robots à peine supérieure à 10 000 par an, pour la plupart de la première génération, alors que les besoins sont officiellement estimés à 375 000 en 1990.

Avec l'aimable autorisation du journal Le Figaro. © Le Figaro

Exercice 16: Lisez "Dans la presse".

You work for a computing firm which needs to monitor foreign competition. What does this article tell you about developments in the Russian electronics industry?

6. La bureautique

MOTS INDISPENSABLES

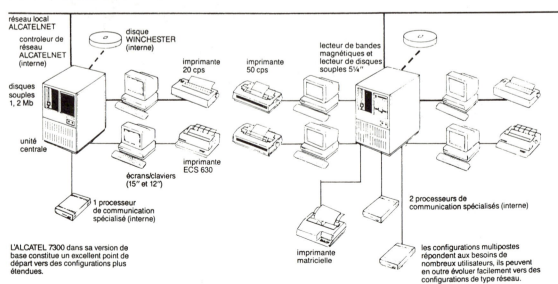

réseau local ALCATELNET

controleur de réseau ALCATELNET (interne)

disque WINCHESTER (interne)

disques souples 1, 2 Mb

imprimante 20 cps

imprimante 50 cps

lecteur de bandes magnétiques et lecteur de disques souples 5¼"

unité centrale

écrans/claviers (15" et 12")

imprimante ECS 630

1 processeur de communication spécialisé (interne)

L'ALCATEL 7300 dans sa version de base constitue un excellent point de départ vers des configurations plus étendues.

imprimante matricielle

2 processeurs de communication spécialisés (interne)

les configurations multipostes répondent aux besoins de nombreux utilisateurs, ils peuvent en outre évoluer facilement vers des configurations de type réseau.

DOCUMENTATION

Conçu pour evoluer facilement

Dans sa version la plus simple, le système de bureautique distribuée ALCATEL 7300 est un système ne comportant qu'un seul écran/clavier. C'est la solution idéale pour les utilisateurs ayant des besoins importants en matière de production de documents de qualité. Mais, c'est avant tout un système multiposte conçu afin de pouvoir s'adapter facilement sur le site de façon à répondre en permanence à l'évolution des besoins de l'entreprise.

La conception modulaire de l'ALCATEL 7300 permet de le faire évoluer progressivement à mesure que la charge de travail augmente ou que de nouvelles fonctions deviennent nécessaires.

Cette approche pratique de la bureautique facilite les implantations, limite les risques d'erreur et permet un meilleur contrôle des investissements.

Lorsque les budgets sont limités, mais que la volonté existe de mettre en place progressivement une véritable solution bureautique, un système avec disques souples est une excellente base de départ.

A mesure que les besoins se feront plus précis, ou plus importants, cette configuration pourra évoluer facilement par l'adjonction de disques rigides, de mémoires, d'écrans/claviers, d'imprimantes, de logiciels.

Cette approche modulaire évite la duplication des matériels et des logiciels.

Les écrans/claviers peuvent être ainsi fournis à moindre coût à d'autres types de postes dans le bureau en bénéficiant chaque fois des avantages liés à l'investissement initial en matière de stockage, de traitement, d'impression, de communication et de logiciel.

Chaque nouvel utilisateur contribue à améliorer la nature des services offerts; tout d'abord parce que la base des informations disponibles par tous est directement fonction du nombre d'utilisateurs, ensuite parce que la distribution des informations dans le bureau se trouve simplifiée.

Le Defi Bureautique

Exercice 17:   *Regardez la documentation.*

Make a summary of this article in English to show how this system can be adapted for any office.

Exercice 18:   Prepare a glossary of the terms contained in the *documentation* and *renseignements* sections of this unit, under the headings, **informatique, bureautique** and **télématique.**
Exemple: Bureautique
        une imprimante = printer

 **L'OREILLE EN COIN**

Max et Sylvie pensent qu'il est temps que M. Lebosse apprenne la vérité sur Contetout et Méchon. Malheureusement, il est en voyage d'affaires à l'étranger. Max et Sylvie lui envoient un télex:

"M. Lebosse. Aux bons soins de Cetten-Or et Co. Nous avons découvert l'origine de tous les problèmes que nous avons rencontrés récemment. Veuillez entrer en contact avec nous le plus vite possible. Signé M. Belhomme et S. Allard."

"Bien. J'espère qu'il va répondre vite, nous ne pouvons rien faire de plus pour l'instant. Viens, Sylvie, je voudrais vérifier quelque chose sur l'ordinateur."

Max et Sylvie vont examiner les comptes. Ils découvrent plusieurs contradictions:
Contetout a falsifié les chiffres, et a détourné de grosses sommes d'argent.

"C'est incroyable. Ça fait des mois qu'elle falsifie les comptes. Si nous ne nous en étions pas rendu compte, elle aurait pu mettre Novocadeau en faillite.

– Max, tu devrais préparer un relevé des comptes pour le montrer à M. Lebosse quand il reviendra. Il faudra aussi lui montrer les photos."

A ce moment-là la réponse de M. Lebosse arrive sur le télex: "Arrive par le premier avion. Lebosse."

VOYAGE D'AFFAIRES

1. Projet de voyage	Organizing a trip, finding out information
2. Reservation d'hôtel	Choosing a hotel, reserving a room
3. A la réception	Arriving at the hotel, registration, asking for things
4. Comment on appelle ça?	Describing things
5. Se déplacer	Hiring a car, asking for directions
6. Rendez-vous à...	Reconfirming meetings

Mots indispensables	– giving directions: page 139
Expressions indispensables	– reserving a hotel room: page 136
	– asking for something: page 137
	– hiring a car: page 139

1. Projet de voyage

RENSEIGNEMENTS

Bus Aéroport + Taxi

Cette formule pratique vous permet de concilier le taxi et le bus Aéroport :
▸ pour vous rendre à Satolas , il vous suffit de réserver à l'avance un taxi en téléphonant au 78.28.23.23.
Le taxi vous conduira à l'un des arrêts de bus Lyon-Satolas (voir horaires ci-dessus).
Tarif : prix de la course en taxi auquel s'ajoute 31 F* pour le bus.
▸ au départ de Satolas, sur votre demande, le chauffeur du bus réserve gracieusement par radio le taxi qui vous attendra à l'un des arrêts du bus Satolas-Lyon.
Tarif : 31 F* auquel il faut ajouter le montant de la course en taxi.

Pour tous renseignements :
Box 🛈 information, tél. 78.71.95.05.
* Les tarifs indiqués sont susceptibles de modification.

CODES JOURS

1 Lundi			
2 Mardi	3 Mercredi		
	4 Jeudi	5 Vendredi	
		6 Samedi	
		7 Dimanche	

Le jour de fonctionnement est toujours celui de départ ou d'arrivée à Satolas.

MODE D'UTILISATION DES HORAIRES TU

HEURE GMT : Heure du Méridien de Greenwich ou **TU (universal time)** dans ce guide.
Le rapport GMT ou **TU** : + 1, − 1..., donne le nombre d'heures qu'il convient d'ajouter ou de retrancher à l'heure du Méridien de Greenwich pour obtenir l'heure locale de la ville considérée. Il permet le calcul de la durée d'un voyage.
TOUS LES HORAIRES SONT DONNES EN HEURE LOCALE.

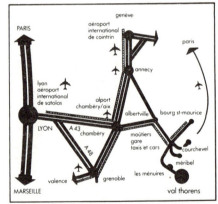

Comment aller à Val Thorens:
par avion: Lyon-Satolas (193 km), AIR FRANCE 78 42 79 00, AIR INTER 78 52 80 45. Genève (155 km) 19/41 (22) 98 21 21, Chambéry (112 km) 79 61 46 00.
en voiture: Paris (637 km), Lyon (193 km), Marseille (487 km), Chambéry (112 km), Bruxelles (921 km), Turin (210 km).
en autocar: Cars des Belleville 79 00 61 38, Moûtiers/Val Thorens (tous les jours). Cars Philibert 78 23 10 56, Lyon-Satolas/Val Thorens, demander la gare du téléphérique (forfait aller-retour obligatoire).
Touriscar 19/41 (22) 32 60 00 – 50 43 60 02, Genève/Moûtiers.
par train: Moûtiers (37 km), gare 79 24 01 11.
en taxi: G. Hudry 79 00 63 41, E. Jay 79 00 60 12, P. Jay 79 00 60 12.
Reservation conseillée.
Parking Caron: (450 places couvertes), 79 00 02 49, par jour: 23F.

Exercice 1: *Lisez les renseignements à la page 132*

Your boss is going to Lyons on a business trip, then on to Val Thorens for a skiing holiday. He will travel from London to Lyons, where he will spend three days before going on to Val Thorens for two weeks. Prepare an itinerary (in English) for the journey, showing the expected times of departures and arrivals, dates and method of transport at each stage.

Conversation: 🔊 *Ecoutez la bande.*

– Allô, Air France. Bonjour.
– Bonjour, Mademoiselle. Je voudrais savoir les heures des vols entre Lyon et Tunis.
– Oui, Madame. Vous voyagez quand?
– Le 11 mars, dans la matinée.
– Il y a deux vols, à 8h10 et à 12h30.
– Il n'y a rien vers 10 heures?
– Non, je suis désolée.
– Eh bien, je vous remercie, Mademoiselle.
– Je vous en prie. Au revoir, Madame.

Jeu de rôle: *Avec un(e) partenaire.*

Vous êtes **A** et vous demandez des renseignements sur les vols entre Londres et Lyon.

Vous êtes **B** et vous répondez aux questions de **A**, en vous servant des horaires.

Horaires arrivées à LYON-SATOLAS - heures locales

Horaires susceptibles de modifications sans préavis, consultez les Compagnies aériennes.
* Se reporter page **11** rubrique T.U.

Provenance rapport T.U.	via escales	Validité du	au	Avion	N° de vol	Départ	Arrivée	Jours
				B737	TP 416	13.15	16.30	2
		04/03	29/03	B737	TP 416	13.15	16.30	5
LISBONNE	MRS	27/10	29/03	B737	AF 1440	16.05	20.30	7
TU		27/10	29/03	FK28				
		27/10	29/03	FK28	AF 1825	09.10	11.40	12345
LONDRES HEATHROW		21/12	29/03	B727	AF 1825	09.30	11.55	6
TU		27/10	20/12	FK28	AF 1825	14.15	16.45	6
		27/10	29/03	FK28	AF 1825	16.15	18.45	7
		27/10	29/03	B737	BA 356			12345 7
						12.30	15.2	
MADRID	BCN	27/10	29/03	DC9	IBAF 690	15.45	18.2	
+1	TLS	27/10	29/03	FK28	AF 554			
				B707	KM 128	07.45	10.1	
MALTE		22/12	05/01	B707	KM 128	07.45	10.1	
+1	ORY	02/02	23/03	B737	KM 113	14.25	19.	
	ORY	19/11	15/12	B737	KM 113	14.25	19.	
		12/01	26/01					
						09.30	13.	
MARRAKECH	CMN	27/10	29/03	B727	ATAF 786	14.20	20.	
+1	AGA MRS	27/10	29/03	B727	AFAT2094			
				FK28	IT 7092	07.00	07	
MARSEILLE		27/10	29/03	FK28	IT 6092	07.00	0	
+1		27/10	29/03	FK27	IT 7078	07.00	0	
		27/10	29/03	FK27	IT 8078	13.55	1	
		27/10	29/03	FK28	IT 5232	15.10	1	
		27/10	29/03	FK27	IT 6178	16.50	1	
		27/10	29/03	FK27	IT 7178	16.50	1	
		27/10	29/03	B727	IT 7392	17.35		
		27/10	29/03	FK28	IT 5278	18.35		
		27/10	29/03	CR12	IT 5592	19.25		
		27/10	29/03	B727	IT 6592			

Horaires départs de LYON-SATOLAS - heures locales

Horaires susceptibles de modifications sans préavis, consultez les Compagnies aériennes.
* Se reporter page **11** rubrique T.U.

Destination rapport T.U.	via escales	Validité du	au	Avion	N° de vol	Départ	Arrivée	Jours
LISBONNE	MRS	27/10	29/03	FK28	AF 1441	12.50	15.15	7
TU		04/03	29/03	B737	TP 419	17.30	18.50	2
		27/10	29/03	B737	TP 419	17.30	18.50	5
LONDRES HEATHROW		27/10	29/03	FK28	AF 1824	07.40	08.10	12345
TU		27/10	29/03	FK28	AF 1824	13.00	13.30	6
		27/10	29/03	FK28	AF 1824	13.00	13.30	7
		21/12	29/03	B727	AF 1824	14.00	14.30	6
		27/10	29/03	B737	BA 357	19.25	20.00	12345 7
MADRID	TLS	27/10	29/03	FK28	AF 565	12.15	14.55	12345
+1	BCN	27/10	29/03	DC9	AFIB 691	16.10	19.05	1 5
MALTE		22/12	05/01	B707	KM 139	10.55	13.10	7
+1		02/02	23/03	B707	KM 139	10.55	13.10	7
		10/11	15/12	B737	KM 113	20.10	22.25	7
		12/01	26/01	B737	KM 113	20.10	22.25	7
MARRAKECH	MRS	27/10	29/03	B727	AFAT2095	09.00	13.20	7
+1	CMN	27/10	29/03	B727	ATAF 787	18.00	22.40	6
MARSEILLE		27/10	29/03	FK27	IT 7077	08.55	09.50	12
+1		27/10	29/03	FK27	IT 6077	08.55	09.50	4
		27/10	29/03	B727	IT 6091	09.00	09.45	3 5
		27/10	29/03	B727	IT 5091	09.00	09.45	7
		27/10	29/03	CR12	IT 5177	10.00	10.40	6
		27/10	29/03	FK28	IT 6391	12.35	13.15	12345
		27/10	29/03	FK28	IT 5191	12.50	13.30	7
		27/10	29/03	FK27	IT 7377	20.10	21.05	12345
		27/10	29/03	FK28	IT 5491	20.35	21.15	7
		27/10	29/03	FK28	IT 6791	21.10	21.50	1
		27/10	29/03	FK28	IT 7791	21.10	21.50	2345

2. Réservation d'hôtel

DOCUMENTATION

POUR LES AFFAIRES

Les hôtels Sofitel sont généralement implantés en centre ville, quelquefois près des aéroports ou des nouveaux centres d'affaires.

Conçus pour servir le voyageur se déplaçant pour ses affaires, ils disposent en outre de salons permettant d'organiser les réunions les plus diverses.

Connaître vos besoins, c'est notre métier : nos équipes vous aideront à organiser vos manifestations professionnelles. Consultez-nous.

service affaires

Soucieux de rendre vos déplacements aussi fructueux que possible, les «SERVICES AFFAIRES» implantés maintenant dans la plupart des hôtels MERIDIEN se proposent de résoudre les problèmes de communication, d'information ou de secrétariat qui se présentent à des hommes d'affaires hors de leur environnement habituel.

Dans des locaux signalisés, sont à votre disposition :
un service téléphone - ligne directe sur le réseau local/national, facilités d'accès au réseau international,
un service télex - expédition dans l'heure de la remise,
un service secrétariat - frappe de votre courrier dans la demi-journée, traductions sur demande, photocopie immédiate, réservations et reconfirmations de places d'avion, réservations d'hôtels...
un service de documentation sur le pays concerné - consultation de recueils de renseignements pratiques, journaux, magazines locaux,
un service «Accueil Aéroport» chargé de vous assister dès votre descente d'avion, dans certains pays.

Exercice 2:   Regardez la documentation.

Write a memo in English for your boss explaining what services each of these hotel chains has to offer the business traveller.

DOCUMENTATION

Exercice 3: *Regardez la documentation.*

The marketing director is going to Tahiti for a conference. It's a business trip, but she would like a comfortable hotel where she can relax after business meetings. You have to find out about hotels for her.

Explain in English what you think she would like about this hotel. What other information would you need to obtain to enable her to decide if the hotel is suitable?

POLYNÉSIE FRANÇAISE

TAHITI - PAPEETE

Hotel Sofitel Maeva-Beach
B.P. 6008 Papeete
Tahiti - Polynésie française
Tél. (689) 28.042
Télex : 214 FP

Directeur : Ph. Leutwyler

Face à l'île de Moorea, sur une plage de sable blanc, dans un parc. Hôtel de luxe à 4 km de l'aéroport.

230 CHAMBRES et suites avec loggia ou terrasse. Salle de bains, radio, téléphone, mini-bar.

RESTAURANTS ET BARS
"Le Gauguin": restaurant grande carte.
"Le Bougainville": faré tahitien, spécialités locales, animation tahitienne.
"Bar Moorea": bar piscine.
"Le Café de Paris": bar, night-club.
"La Terrasse": lounge-bar.

SALONS RÉUNIONS ET RÉCEPTIONS
de 10 à 500 personnes.

HÔTEL CLIMATISÉ ET INSONORISÉ

LOISIRS : Piscine, solarium sur le lagon, ski, pêche sportive, chasse et plongée sous-marine, bateau à fond de verre, voile et planche à voile. 2 courts de tennis éclairés. Équitation et golf à proximité. Salon de coiffure. Boutiques.

DOCUMENTATION

RESINTER
(6) 077.27.27

Pour réserver dans tous les Sofitel

Pour mieux vous servir, la Réservation Centrale de Sofitel est affiliée au service informatisé de réservation Résinter, créé et animé par Sofitel et 3 grandes chaînes hôtelières.
• Réponse immédiate.
• Confirmation de votre réservation.
• Possibilité de vous proposer une chambre dans un autre hôtel au cas où le Sofitel serait complet.

VOUS POUVEZ AUSSI RÉSERVER :
• dans tous les bureaux de réservation.
Il sont habilités à prendre les réservations pour tous les Sofitel.
• dans tous les hôtels Sofitel : profitez de votre séjour pour réserver les chambres de vos prochaines étapes ;
• dans toutes les agences de voyages ;
• dans toutes les agences U.T.A. et Air Afrique.

HEURES D'ARRIVÉE
• Les réservations sont maintenues jusqu'à 19 heures.
• Pour les arrivées plus tardives, elles doivent être garanties par l'envoi soit : d'un dépôt, d'un bon d'agence de voyages, d'un écrit de la société garantissant le paiement, ou d'une "garantie carte de crédit".
• Un retard éventuel doit être signalé auprès de l'hôtel concerné.
• Toute réservation non annulée sera facturée.

Exercice 4: *Regardez la documentation.*

Read through the information and make a list of the following:
– how you make a reservation at one of these hotels
– the conditions concerning time of arrival and cancellation of bookings

EXPRESSIONS INDISPENSABLES

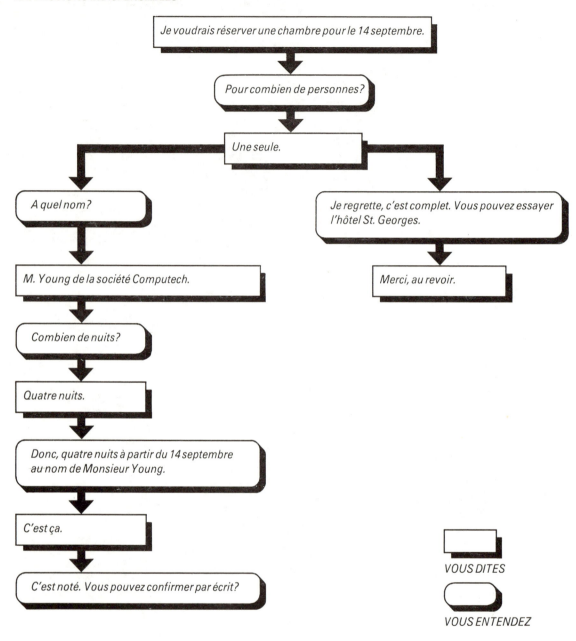

Je voudrais réserver une chambre pour le 14 septembre.

Pour combien de personnes?

Une seule.

A quel nom?

Je regrette, c'est complet. Vous pouvez essayer l'hôtel St. Georges.

M. Young de la société Computech.

Merci, au revoir.

Combien de nuits?

Quatre nuits.

Donc, quatre nuits à partir du 14 septembre au nom de Monsieur Young.

C'est ça.

C'est noté. Vous pouvez confirmer par écrit?

VOUS DITES

VOUS ENTENDEZ

Jeu de rôle: *Avec un(e) partenaire.*

Vous téléphonez à un hôtel à Madagascar pour réserver une chambre pour votre chef qui assistera à une conférence là-bas au mois de janvier. Imaginez la conversation avec le/la réceptionniste.

Exercice 4: *Lisez les expressions indispensables.*

Suite à votre jeu de rôle, rédigez un télex pour confirmer la réservation.

3. A la réception

Conversation: 📼 *Ecoutez la bande.*

– Bonsoir, Monsieur. J'ai réservé une chambre au nom de Madame Williams.
– Oui, Madame. Votre passeport? Voilà votre clef. C'est la chambre numéro 205,
au deuxième étage. L'ascenseur est là-bas. Le porteur montera vos bagages.
– Le restaurant, c'est où, s'il vous plaît?
– C'est au rez-de-chaussée. Vous voyez, c'est la porte au fond du couloir. Vous
n'avez pas besoin de réserver de table. Le service se fait à partir de 19h30.
– Merci, Monsieur. Je voudrais qu'on me réveille demain matin à sept heures.
– Bien sûr, Madame. Sept heures, c'est noté. Bonne soirée, Madame.

EXPRESSIONS INDISPENSABLES

Comment demander quelque chose?

Je voudrais . . .
J'ai besoin de . . .
Vous avez . . ?
Donnez-moi . . .

Exercice 5: *Lisez les expressions indispensables.*

You are at the hotel reception. How would you ask for these things:
– a pen to fill in a form
– a telephone directory
– the key to your room
– a porter to carry your luggage
– a newspaper
– the bill

Jeu de rôle: *Avec un(e) partenaire.*

Vous venez d'arriver à votre hôtel. Vous ne voulez pas manger à l'hôtel, vous
demandez donc ce qu'il y a comme restaurants dans le quartier. Vous voulez qu'on
vous réveille à 6h30 le lendemain et vous commandez un journal pour le matin.
Imaginez la conversation avec le/la réceptionniste.

RENSEIGNEMENTS

Exercice 6: *Lisez les renseignements.*

Regardez cette affiche à la réception.
Est-ce que vous pouvez:
– rentrer à l'hôtel à deux heures du matin?
– déjeuner au restaurant à 6h00?
– dîner à 22h00?
– payer avec une carte de crédit?
– vous faire comprendre en anglais?

Restaurant *Une liberté dans
les horaires...Il vous accueille de 12 h
jusqu'à 22 h 30 sans interruption. La
composition de sa carte permet les
repas légers, les repas plus
conventionnels ou traditionnels.*

Petit - déjeuner
*A volonté...De 6 h 30 à 10 heures, le
buffet petit déjeuner est dressé en
salle de Restaurant.*

Réception *L'accueil
assuré...Ouverte 24 h sur 24, toute
l'année. Nous y traduisons vos
souhaits en plusieurs langues. les
prestations sont réglées en espèces,
par chèque ou au moyen de cartes
de crédit.*

4. Comment on appelle ça?

RENSEIGNEMENTS

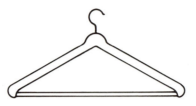

Un machin... pour mettre des vêtements dessus... dans l'armoire.

C'est quelque chose pour après la douche... c'est en coton et c'est pour se sécher.

Un truc pour mettre de l'eau et pour boire.

C'est pour ouvrir la porte.

Vous avez besoin de quelque chose, mais vous avez oublié comment ça s'appelle et vous n'avez pas de dictionnaire. Vous devez expliquer ce que vous voulez avec d'autre mots.

Exercice 7:   *Lisez les renseignements.*

Demandez en français ces objets sans employer le nom français.
Exemple: Je voudrais le truc...

Jeu de rôle: *En groupe.*

Choisissez un objet et décrivez-le à votre groupe sans employer le nom français. Les membres du groupe peuvent vous poser des questions pour obtenir plus de précisions.

5. Se déplacer

EXPRESSIONS INDISPENSABLES

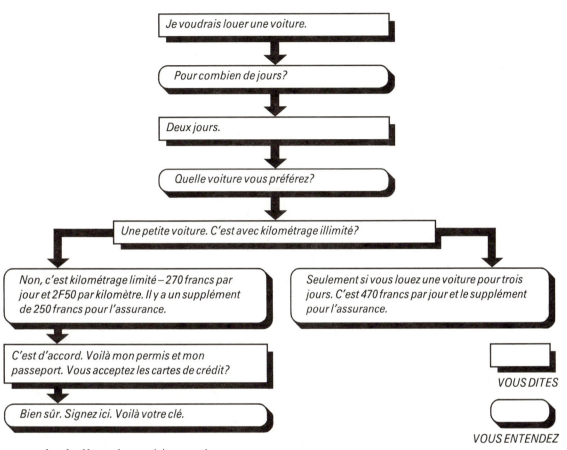

Je voudrais louer une voiture.

Pour combien de jours?

Deux jours.

Quelle voiture vous préférez?

Une petite voiture. C'est avec kilométrage illimité?

Non, c'est kilométrage limité – 270 francs par jour et 2F50 par kilomètre. Il y a un supplément de 250 francs pour l'assurance.

Seulement si vous louez une voiture pour trois jours. C'est 470 francs par jour et le supplément pour l'assurance.

C'est d'accord. Voilà mon permis et mon passeport. Vous acceptez les cartes de crédit?

Bien sûr. Signez ici. Voilà votre clé.

VOUS DITES

VOUS ENTENDEZ

Jeu de rôle: *Avec un(e) partenaire.*

Vous êtes **A**. Vous êtes à Bruxelles et vous voulez louer une grosse voiture pour une semaine. Demandez combien il faut payer par kilomètre et s'il y a un supplément pour l'assurance. Vous payez avec une carte de crédit.

Vous êtes **B**, employé au bureau de location. Répondez aux questions de **A**.

MOTS INDISPENSABLES

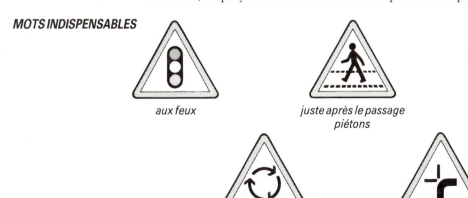

aux feux

juste après le passage piétons

après le carrefour

au rondpoint

au coin de la rue

Conversations: *Ecoutez la bande.*

- Excusez-moi, Madame. Vous pouvez me dire où se trouve la gare?
- Vous allez tout droit et vous prenez la troisième rue à droite. Traversez la rue au passage piétons et continuez jusqu'aux feux, tournez à gauche, la gare est juste en face.
- Merci, Madame.

- Excusez-moi, Monsieur. Vous pouvez me dire comment aller au Palais des Nations?
- Vous prenez un bus O, E ou F à la gare Cornavin. Vous descendez au Portail de Pregny dans l'avenue de la Paix, juste avant le rondpoint de la Place des Nations.
- Merci, Monsieur.

Jeu de rôle: *Avec un(e) partenaire.*

Vous êtes **A** et vous êtes de passage à Genève. Vous vous êtes perdu en vous promenant. Vous êtes dans la rue du Marché et vous cherchez le quai Ador. Demandez à quelqu'un de vous expliquer le chemin.

Vous êtes **B** et vous êtes de Genève. Regardez le plan et aidez cet étranger à retrouver son chemin.

GENEVE

KEY

1. Musée Rath
2. Université
3. Monument de la Réformation
4. Palais des Expositions
5. Musée d'Art et d'Histoire
6. Muséum d'histoire naturelle
7. Cathédrale St Pierre
8. Hôtel de Ville
9. Jet d'eau
10. Ile Rousseau

6. Rendez-vous à . . .

RENSEIGNEMENTS

Avant de partir en voyage d'affaires vous avez pris des rendez-vous. En arrivant à votre destination il faut téléphoner pour confirmer que l'heure des rendez-vous n'a pas été changée.

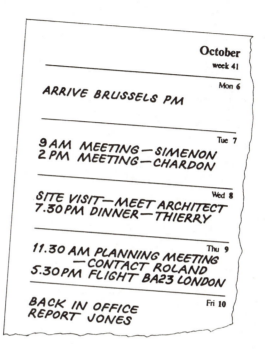

Conversation: 🔲 *Ecoutez la bande.*

– Bonjour, je voudrais parler à M. Simenon.
– Ne quittez pas . . . je vous le passe.
– Bonjour, c'est M. Simenon?
– Oui, j'écoute.
– C'est M. Sharpe de la société Exprint. Je viens d'arriver à Bruxelles.
– Ah, bonjour, M. Sharpe. Votre voyage s'est bien passé?
– Oui, merci, impeccable, sans problème. Je vous appelle pour reconfirmer la réunion de demain matin à neuf heures.
– Oui, c'est toujours d'accord pour neuf heures. On se réunira dans le bureau du directeur technique qui est le responsable du projet. En arrivant, vous n'avez qu'à demander à la réception. Vous savez comment trouver nos bureaux?
– Oui, je me suis déjà renseigné.
– Alors, à demain, M. Sharpe.
– A demain, M. Simenon.

Jeu de rôle: *Avec un(e) partenaire.*

Vous venez d'arriver à Bruxelles et devez confirmer un rendez-vous avec Mademoiselle Taillefer de la société ERP. Le rendez-vous a été pris pour le lendemain à 14 heures. Demandez comment vous rendre aux bureaux d'ERP qui se trouvent à quatre kilomètres de la ville. Imaginez la conversation avec Mademoiselle Taillefer.

Dossier spécial

Situation A   You are organising a dinner for eight salesmen from the head office in France and six people from your office. Your contact over there needs some details from you.

What you have to do   Basing your work on a restaurant in your own town, supply your French contact with a report in French explaining why you have made this choice. Give him/her the following information:
  – the size of the restaurant
  – the kind of atmosphere
  – the distance from the hotel where the salesmen will be staying
  – the menu planned
  – the cost per head for the meal

  Prepare a covering letter in French to go with your report. Attach an English menu with translations of the dishes suggested.

Situation B   You have to describe in French the features of your company's computers to potential customers who speak only French.

What you have to do   Using the information given in Unit 11 prepare notes on what you will say.

Situation C   You work at the local town hall where plans are being made to receive dignitaries from your town's twin town in Belgium.

What you have to do   You have to arrange accommodation for the visitors. Send information about hotels you have chosen in the area, giving descriptions of the facilities in French. Describe the travel arrangements you have made, and say where the visitors will be met. Write a short covering letter in French.

 L'OREILLE EN COIN

M. Lebosse vient juste d'arriver de l'aéroport.

"Alors, vous avez découvert qui a falsifié tous ces documents?

– Oui, c'est Marilyn Contetout. C'est la fille de Daniel Méchon, et elle travaille pour lui. De plus, elle est jalouse de Sylvie, et elle voulait lui faire perdre son emploi. Elle a aussi détourné de l'argent.

– C'est incroyable! Heureusement que vous avez tout compris à temps. Je vais appeler Méchon immédiatement . . . Allo, M. Méchon? Lebosse à l'appareil. Oui, je viens d'apprendre que Contetout est votre fille et qu'elle fait de l'espionnage pour vous. Si vous avez la mauvaise idée de faire quoi que ce soit contre Novocadeau, j'avertis la police. Et j'attends que vous me rendiez tout l'argent qu'elle a détourné le plus vite possible." M. Lebosse raccroche brusquement le téléphone.

"Je crois qu'il a compris la leçon," dit-il.

"M. Lebosse, nous avons autre chose à vous dire. Sylvie et moi avons décidé de nous marier. Nous voudrions quelques semaines de vacances pour notre voyage de noce . . .

– Merveilleux! Mais bien sûr! Vous voulez aller où?

– A Hawai!

– Quelle bonne idée! Justement, je pensais ouvrir une succursale là-bas. Vous pourriez commencer l'enquête préparatoire. Vous êtes doués pour ça!"

GRAMMAR SUMMARY

For quick reference this section has summaries of the grammatical points that appear in Working with French.

THE USES OF THE INFINITIVE

1. The infinitive in French usually ends in **-er, -ir, -re**, or **-oir**.

    Example: parler
    choisir
    faire
    voir

2. After certain verbs like **vouloir, espérer, préférer** or **aller** the infinitive is also used.

    Example: J'espère vous voir bientôt.
    I hope to see you soon.

    When the infinitive is used after **aller** a future meaning is created:

    Example: Nous allons déjeuner chez Michel.
    We are going to eat at Michel's.

3. The infinitive may also be used as a form of command for giving instructions.

    Example: S'adresser à la réception
    Report to reception

    Mettre des étiquettes
    Put on labels

    (see Units 1 and 7)

THE FUTURE TENSE

1. The future tense is formed from the infinitive of the verb, plus the endings:

– ai	– ons
– as	– ez
– a	– ont

    Example:

parler (talk)	choisir (choose)	vendre (sell)
je parlerai	je choisirai	je vendrai
tu parleras	tu choisiras	tu vendras
il/elle parlera	il/elle choisira	il/elle vendra
nous parlerons	nous choisirons	nous vendrons
vous parlez	vous choisirez	vous vendrez
ils/elles parleront	ils/elles choisiront	ils/elles vendront

2. There are some verbs which have irregular future forms:

s'asseoir	–	je m'assiérai	(sit down)
aller	–	j'irai	(go)
avoir	–	j'aurai	(have)
courir	–	je courrai	(run)
devoir	–	je devrai	(have to)

Irregular future forms contd

envoyer	–	j'enverrai	(send)
être	–	je serai	(be)
faire	–	je ferai	(do/make)
il faut	–	il faudra	(is necessary to)
pleuvoir	–	il pleuvra	(rain)
pouvoir	–	je pourrai	(be able to/can)
savoir	–	je saurai	(know)
venir	–	je viendrai	(come)
voir	–	je verrai	(see)
vouloir	–	je voudrai	(want/wish)

3. Where the stem of the verb changes in the present, the same stem is used to form the future.

Example:

	present	future
acheter (buy)	j'achète	j'achèterai
jeter (throw)	je jette	je jetterai
payer (pay)	je paie	je paierai

(see Unit 1)

THE CONDITIONAL TENSE

For the conditional tense the stem is the same as for the future, but the endings are different:

– **ais**	– **ions**
– **ais**	– **iez**
– **ait**	– **aient**

Example:

je parlerais	je choisirais	je vendrais
tu parlerais	tu choisirais	tu vendrais
il/elle parlerait	il/elle choisirait	il/elle vendrait
nous parlerions	nous choisirions	nous vendrions
vous parleriez	vous choisiriez	vous vendriez
ils/elles parleraient	ils/elles choisiraient	ils/elles vendraient

THE PERFECT TENSE

1. The perfect tense is formed by using the present tense of the verb **avoir** or **être** and a past participle. The past participle is usually formed by adding **-é, -i, -u** to the stem:

Example:

parler	–	parlé
choisir	–	choisi
vendre	–	vendu

2. There are some irregular forms of the past participle:

apercevoir	–	aperçu	(notice)
atteindre	–	atteint	(reach)

Irregular past participles contd

avoir	–	eu	(have)
boire	–	bu	(drink)
conclure	–	conclu	(conclude)
conduire	–	conduit	(drive)
connaître	–	connu	(know)
construire	–	construit	(build)
croire	–	cru	(believe)
devoir	–	dû	(have to)
dire	–	dit	(say)
écrire	–	écrit	(write)
être	–	été	(be)
faire	–	fait	(do/make)
il faut	–	il a fallu	(is necessary to)
joindre	–	joint	(join)
lire	–	lu	(read)
mettre	–	mis	(put)
ouvrir	–	ouvert	(open)
paraître	–	paru	(appear)
pleuvoir	–	il a plu	(rain)
pouvoir	–	pu	(be able/can)
prendre	–	pris	(take)
recevoir	–	reçu	(receive)
savoir	–	su	(know)
suivre	–	suivi	(follow)
voir	–	vu	(see)
vouloir	–	voulu	(want/wish)

3. For most verbs the perfect tense is formed with **avoir**.

   Example:

j'ai parlé	j'ai choisi	j'ai vendu
tu as parlé	tu as choisi	tu as vendu
il/elle a parlé	il/elle a choisi	il/elle a vendu
nous avons parlé	nous avons choisi	nous avons vendu
vous avez parlé	vous avez choisi	vous avez vendu
ils/elles ont parlé	ils/elles ont choisi	ils/elles ont vendu

4. But for some verbs the perfect tense is formed with **être**.

   Example:

aller	–	allé	(go)
arriver	–	arrivé	(arrive)
descendre	–	descendu	(go down)
entrer	–	entré	(come in)
monter	–	monté	(go up)
mourir	–	mort	(die)
naître	–	né	(be born)
partir	–	parti	(depart)
rester	–	resté	(stay)
retourner	–	retourné	(go back)
revenir	–	revenu	(come back)
sortir	–	sorti	(go out)
venir	–	venu	(come)

The past participle must agree with the subject.
Example: elle est allée
       ils sont partis

5.   The perfect tense of reflexive verbs is always made with **être**. The past participle must agree with the subject.

    Example: je me suis levé(e)
                   tu t'es levé(e)
                   il/elle s'est levé(e)
                   nous nous sommes levé(e)s
                   vous vous êtes levé(e)s
                   ils/elles se sont levé(e)s

(see Unit 6)

THE PRESENT SUBJUNCTIVE

1.   The present subjunctive of a verb is formed from the stem of the present participle. The ending **-ant** is taken off and these endings added:

– e	– **ions**
– **es**	– **iez**
– e	– **ent**

Example:

parler	–	parlant	–	je parle
				tu parles
				il/elle parle
				nous parlions
				vous parliez
				ils/elles parlent
choisir	–	choisissant	–	je choisisse
				tu choisisses
				il/elle choisisse
				nous choisissions
				vous choisissiez
				ils/elles choisissent
vendre	–	vendant		je vende
				tu vendes
				il/elle vende
				nous vendions
				vous vendiez
				ils/elles vendent

2.   There are some irregular present subjunctive forms:

acquérir	–	j'acquière	(acquire)
aller	–	j'aille	(go)
avoir	–	j'aie	(have)
boire	–	je boive	(drink)
conduire	–	je conduise	(drive)
connaître	–	je connaisse	(know)
construire	–	je construise	(build)
devoir	–	je doive	(have to)
dire	–	je dise	(say)

Irregular present subjunctive contd

écrire	–	j'écrive	(write)
envoyer	–	j'envoie	(send)
faire	–	je fasse	(do/make)
il faut	–	il faille	(is necessary to)
joindre	–	je joigne	(join)
ouvrir	–	j'ouvre	(open)
partir	–	je parte	(leave/depart)
plaire	–	je plaise	(please)
pouvoir	–	je puisse	(be able to/can)
prendre	–	je prenne	(take)
recevoir	–	je reçoive	(receive)
résoudre	–	je résolve	(resolve)
savoir	–	je sache	(know)
venir	–	je vienne	(come)
voir	–	je voie	(see)
vouloir	–	je veuille	(want/wish for)

3. The subjunctive is used after certain phrases:

A. Verbs of wishing:

désirer que	(to desire/wish that)
préférer que	(to prefer that)
vouloir que	(to wish/want that)

B. Verbs of fearing:

avoir peur que	(to be afraid that)
craindre que	(to fear that)

C. Verbs expressing emotion:

s'étonner/être étonné que	(to be surprised that)
être content que	(to be pleased that)
être fâché que	(to be angry that)
regretter que	(to be sorry that)

D. Saying, thinking and knowing:

penser que	(to think that)
croire que	(to believe that)
se douter que	(to doubt that)
dire que	(to say that)

(see Unit 8)

REPORTING SPEECH

Relaying information given by someone else may involve not only translation into French but also some changes in the structure of the sentence.

1. Direct to indirect speech

The subject pronoun often has to be changed.

Example: Je pars dans une demi-heure.
She says she is leaving in half an hour.

Nous avons besoin de documentation.
They say they need some brochures.

When the message is reported later, the tense may have to be changed.

Example: Je pars dans une demi-heure.
She said she was leaving in half an hour.

Nous avons besoin de documentation.
They said they needed some brochures.

2. Indirect to direct speech

Sometimes the object pronoun needs to be changed.

Example: Tell her we'll collect her from the l'airport.
On viendra vous chercher à l'aéroport.

When giving instructions or asking questions, the message has to be converted into the form of a command or question.

Example: Tell them to deliver Thursday or Friday.
Il faut livrer jeudi ou vendredi.

Ask them if they are coming.
Est-ce que vous venez?

(see Unit 3)

TENSES OF THE VERB USED WITH DEPUIS

When the conjunction **depuis** is used and an action is still going on, the French present and imperfect tenses are used in place of the English "have been", "had been", "have been doing" and "had been doing".

Example: Depuis que je suis là, je n'ai eu que des problèmes.
Since I have been here, I have had nothing but problems.

J'habite Paris depuis quatorze ans.
I have been living in Paris for 14 years.

J'attendais l'avion depuis quatre heures quand ils ont enfin annoncé le départ.
I had been waiting for the plane for four hours when they finally announced its departure.

2. When an action is finished, the tense used with **depuis** is the present perfect.

Example: Depuis que nous sommes arrivés nous n'avons vu personne.
Since we arrived, we have seen no one.

(see Unit 9)

COMPARISON OF ADJECTIVES

1. The comparison of adjectives is formed by putting **plus** before the adjective. The superlative is formed by putting **le/la/les plus**.

Example:

intéressant	plus intéressant	le plus intéressant	masculine singular
intéressante	plus intéressante	la plus intéressante	feminine singular
intéressante	plus intéressants	les plus intéressants	masculine plural
intéressantes	plus intéressantes	les plus intéressantes	feminine plural

= interesting   = more interesting   = most interesting

2. **Moins** is used in the same way before an adjective to mean "less" instead of "more".

   Example: moins intéressant = less interesting
   le moins intéressant = the least interesting

3. There are some irregular comparative and superlative forms:

   bon (good)   meilleur(e) (better)   le/la/les meilleur(e)s (best)
   mauvais (bad)   pire (worst)   le/la/les pire (the worst)

   (see Unit 2)

PREPOSITIONS

1. The partitive article

   de + le = **du**
   de + la = **de la**
   de + les = **des**

   Example: Dates are masculine, so:
   votre lettre du 13 décembre
   your letter of (the) 13th December

   (see Unit 4)

1. Names of towns

   Use **à** ("at" or "to")

   Example: Je suis allé à Paris.
   Il habite à Londres.

   But: Je vais au Havre/au Mans.
   I am going to Le Havre/Le Mans.

   (see Unit 2)

2. Names of countries

A. For countries with feminine names use **en** ("to" or "in") and **de** ("from").

   Example: Ils vont en France   They are going to France
   Ils viennent de France   They come from France

B. For countries with masculine names use **au** ("to" or "in") and **du** ("from").

   Example: Nous allons au Canada   We are going to Canada
   Nous venons du Canada   We come from Canada

C. For countries with plural names use **aux** ("to" or "in") and **des** ("from").

   Example: Je vais aux Etats-Unis   I am going to the United States
   Je rentre des Etats-Unis   I am returning from the United States

   (see Unit 2)

SUMMARY OF LANGUAGE FUNCTIONS

This summary contains many of the useful phrases from the units in the book.

Meeting and greeting

Bonjour!	Good morning/Hello!
Bonsoir!	Good evening!
Comment allez-vous?	How are you?
Ça va? (informal)	You alright?
Salut! (informal)	Hi!

Forms of address

Monsieur	Sir
Madame	Madam
Mademoiselle	Miss
M. le Directeur/Président	(Ways of addressing people with these
Mme la Directrice/Présidente	titles, like Mr/Madam Chairman in English)
mon vieux (informal)	(Very informal way of addressing
ma vieille (informal)	someone you know very well)

Introductions

Je vous présente . . .	Let me introduce . . .
Permettez-moi de vous présenter . . .	
Vous connaissez . . . ?	Do you know . . . ?
Enchanté(e)!	Delighted (to meet you)!
Très heureux(euse) de faire votre connaissance	
Très heureux (euse) de vous revoir	It's nice to see you again

Giving directions

Montez au premier étage	Go up to the first floor
Montez au niveau 4	Go up to level 4
Descendez au sous-sol	Go down to the basement
Descendez au rez-de-chaussée	Go down to the ground floor
En arrivant en haut . . .	When you get to the top . . .
C'est . . .	It is . . .
Le bureau se trouve . . .	The office is . . .
juste en face	just opposite
au fond du couloir	at the end of the corridor
la deuxième porte à gauche	the second door on the left

Excuses for not giving directions

Je ne vois pas où c'est	I can't tell/don't know where it is
Lequel cherchez-vous?	Which one are you looking for?
Ensuite vous demanderez à quelqu'un de vous diriger	Then, you'll have to ask someone else to direct you

Making suggestions

Ça vous dirait de . . . ?	Would you like to . . . ?
Si vous préférez, on pourrait . . .	If you prefer, we could . . .
Si on allait . . . ?	How about going . . . ?
On y va?	Shall we go?
Vous voulez qu'on se retrouve plus tard?	Shall we meet again later?
Je vous conseille de . . .	I recommend that you . . .
Je vous suggère d'aller . . .	I suggest that you go to . . .

Accepting an invitation

Pourquoi pas?	Why not?
C'est une excellente idée	That's an excellent idea
Ça, c'est une bonne idée	That's a good idea
Oui, volontiers	Yes, I'd love to
D'accord. A ce soir	OK. See you this evening
Oui, bien sûr. A demain	Yes, of course. See you tomorrow

Refusing and making excuses

Ça me paraît difficile	That would be rather difficult
Je ne peux pas sortir ce soir	I can't go out this evening
Ce n'est pas possible	It's not possible
On ne pourrait pas le remettre à demain?	Can't we put if off until tomorrow?
Je suis trop fatigué(e)	I'm too tired
J'ai un rendez-vous dans une demi-heure	I have a meeting in half an hour

Asking for information

Excusez-moi de vous déranger	Sorry to disturb you
Pourriez-vous me dire . . . ?	Could you tell me . . . ?
Je voudrais certains renseignements sur/concernant . . .	I would like some information about . . .
J'aurais aimé savoir/connaître . . .	I would like to know . . .
Comment dois-je faire pour . . . ?	How do I go about . . . ?
Vous pourriez me dire . . . ?	Could you tell me . . . ?
Vous ne savez pas si/où . . . ?	You don't happen to know if/where . . . ?

Announcing yourself on the telephone

Allô, ici . . .	Hello/Good morning, this is . . .
Bonjour, EDF à votre service	Good morning, Electricity Board
Bonjour, qu'est-ce que je peux faire pour vous?	Good morning. Can I help you?

Getting through to the switchboard

Pourrais-je parler à . . . s'il vous plaît?	Could I speak to . . . please?
Allô, standard? Vous me passez . . . s'il vous plaît?	Hello, switchboard? Could you put me through to . . . please?

C'est de la part de qui?	Who's calling?
Ne quittez pas/Un instant, s'il vous plaît	Hold on please
Je vous le/la passe	I'm putting you through (to him/her)

Explaining someone's absence

Je suis désolé(e)	I'm sorry
Il/Elle est occupé(e) sur une autre ligne actuellement	He/She is on another line at the moment
Pourriez-vous patienter un moment?	Can you hold on?
Il/Elle est absent(e)/en réunion pour l'instant	He/She is not here/in a meeting at the moment

Asking when to phone again

Quand est-ce que je peux le/la joindre?	When can I reach him/her?
Pas avant demain matin	Not before tomorrow morning
Je le/la rappellerai demain	I'll call him/her back tomorrow

Leaving a message

Avez-vous une commission à lui faire?	Would you like to leave him/her a message
Dites-lui de rappeler/qu'il/elle rappelle . . .	Ask him/her to call . . .
Je lui dirai de vous rappeler cette après-midi	I'll get him/her to call you this afternoon

Coping with difficulties

Je me suis trompé(e) de numéro	I've got the wrong number
On a dû me diriger vers un mauvais service	I must have the wrong department
Pourriez-vous me repasser la standardiste?	Could you put me back to the switchboard?
La ligne est mauvaise/en dérangement	It's a bad line
Pourriez-vous parler plus fort/plus lentement?	Could you speak up/more slowly?
Un instant, je vous prie	Hold on a moment please
Je vais vous rappeller/Je vous rappelle tout de suite	I'll call you back right away
Voulez-vous me rappeler plus tard?	Will you call me back later?

Agreeing

Ça, c'est vrai	That's true
C'est possible	It's possible/Maybe
Vous avez raison	You're right
Je suis tout à fait d'accord	I agree entirely
Exactement	Exactly
Absolument	Absolutely
Je suis tout à fait de votre avis	I share your opinion completely

Disagreeing

Non, pas forcément	No, not necessarily
Je ne suis pas du tout d'accord	I really don't agree
Absolument pas	Certainly not
Je n'en suis pas persuadé(e)	I'm not convinced
Ce n'est pas sûr	It's not certain

Checking information

Vous pouvez répéter?	Could you repeat that?
Alors, je répète	I'll repeat that
C'est bien 12 exemplaires?	It's 12 copies, is it?
Vous avez bien dit . . . ?	You did say . . . ?
Je voudrais vérifier	I'd like to check

Making an order

Je voudrais commander . . .	I'd like to order . . .
Je voudrais passer une commande de . . .	I'd like to make an order for . . .
On a besoin de . . .	We need . . .
Voulez-vous me faire parvenir . . . ?	Would you send me . . . ?
Veuillez livrer/envoyer . . .	Please send . . .

Expressing likes

J'aime beaucoup . . .	I like . . . very much
J'adore . . .	I love . . .
J'aime assez . . .	I quite like . . .
Ça ne me déplaît pas	I don't mind that
Ce n'est pas mal	It's not bad
Je trouve ça très bien	I think that's great

Expressing dislikes

Je n'aime pas trop . . .	I'm not keen on . . .
Je n'aime pas du tout . . .	I don't like . . . at all
Je déteste . . .	I hate . . .
J'ai horreur de . . .	I can't stand . . .
Ce n'est pas terrible	It's nothing special

Expressing surprise or confusion

Ce n'est pas croyable!	It's unbelievable!
Je n'en reviens pas!	I can't get over it!
C'est étonnant!	It's amazing!
Mais ce n'est pas possible!	It's not possible!
C'est surprenant!	It's surprising!

Asking for something

Je voudrais . . .	I'd like . . .
J'ai besoin de . . .	I need . . .
Vous avez . . ?	Do you have . . ?
Donnez-moi . . .	Give me . . .

WORDLIST

A

abîmé damaged
abonné subscriber
accéder à to have access to
accordement d'un prêt immobilier granting of a
    mortgage
accueil reception
achat purchase
acheminer to set on the way, to dispatch
acier steel
adhérer to belong to
adoucir to soften
s'adresser à to get in touch with, to ask at
afficher to display
affilier à to affiliate with
afin de in order to
agence de voyage travel agency
agent immobilier estate agent
il s'agit de it is (to do with)
agro-alimentaire agribusiness
algue seaweed
aliment food
alizé trade wind
alléchant enticing
alliage alloy
amende fine
animer to inspire
d'année en année from one year to the other
annuaire phone book
annulation cancellation
annuler to cancel
antigel antifreeze
antipaludéen anti-malaria (tablet)
antirabique anti-rabies (injection)
appel téléphonique telephone call
apport contribution
apprentissage learning of
argot slang
arrêt (en cour) (court) injunction
arriver à to manage to do something
artisanat craft
ascenseur lift
assentiment consent
assister à to attend
assorti assorted
assurance insurance
atelier workshop
atteindre to reach
attente expectation
attirer to draw (attention)
audition hearing (of sound)
augmentation increase
auprès de with
autant que as much as
avantageux advantageous, lucrative
avertir to warn

azote nitrogen

B

baisser to drop, to fall (currency)
banque de données data bank
basculer to swing
bénéfice profit
bénéficier de to benefit from
besoin need
bitumer to asphalt
blason coat of arms
boîte night club, box
bon correct
bon de commande order from
bon gré, mal gré willy-nilly
de bord on board
bordereau de livraison delivery docket
bouilli boiled
au bout at/to the end
(voiture) break estate car
bureautique office management

C

Ça vous ira? Will that be OK?
cabine téléphonique phone box
cabinet d'architectes architects' practice
cabinet d'avocats lawyers' practice
cadran dial
cadre manager, officer
caisse box, till
camping sauvage camping in the wild
carosserie body (of a car)
carreaux tiles
carrefour crossroads
carte bancaire credit card
carton cardboard (box)
case box
cassé broken
CEE (Comunauté Economique Européenne) EEC
célibataire single
certitude certainty
champ d'action field of speciality
chantage blackmail
charger to load, to pack
chef des ventes sales manager
chiffre d'affaires turnover
chimique chemical
choucroute sauerkraut
chute fall, drop
citron vert lime
classement filing system
classer to file
clavier keyboard
climatisation air-conditioning
cocher to tick
coin corner

colis parcel
collaborer to contribute, to participate
coloré colourful
coloris colour
combinaison combination
combiné handpiece (of telephone)
compagnie de pétrole oil company
complet full
composant component
comprendre to include, to understand
y compris including
comptabilité accounts (department)
compte approvisionné account in credit
compte tenu de taking into account, according to
pour le compte de on account of
Son compte est bon! He/She is done for!
comptes de fin d'année year-end accounts
en ce qui concerne concerning
concurremment concurrently, jointly
concurrence competition
concurrent competitor
en congé on holiday
consciencieux consciencious
Conseil (d'Administration) Board of Directors
il est conseillé de it is advisable to
consolidé consolidated
consommation consumption
constater to notice
contemporain contemporary
convenir to come to an agreement
coordonnées details, address and phone number
coquillage sea-shell
cordonnier shoemaker
cornichon au vinaigre pickled gherkin
corps d'une lettre body/text of a letter
corps gras oils and fats
de mon côté on my side
se côtoyer to be side by side
couloir corridor
Cour de Cassation Supreme Court of Appeal
être au courant to be in the know
courrier mail
au cours de l'année during the course of the year
en cours current
en cours de in the process of
coursier messenger
cuivre copper
curseur cursor
cylindre à injection petrol injection (engine)

D
dactylo typist
dactylographie typing
débarcadère loading bay (goods in)
débordant overflowing
se débrouiller to sort out, to manage
débuter to start
déchargement unloading
déchet waste
déchiré torn

déconseiller to advise against
décourager to discourage
décrocher to unhook
défavorable unfavourable
défilement scrolling
dégager to yield, to release
déguster to taste with relish
délai deadline, delay
délégué (de conférence) (conference) delegate
denrée goods (food)
dépenses expenses
se déplacer to move, to travel
déposer un chèque to cash a cheque
déréglementer to deregulate
dernier cri the latest style
desservir to serve (bus route)
au détail retail
détailler to list in detail
détourner to misappropriate, to embezzle
devis estimate
Directeur des ventes Sales Manager
Directeur financier Financial Director
Directeur Général Adjoint Assistant Director General
direction management
direction assistée power steering
discours speech
disponible available
disposer de to have available
dispositif device
à votre disposition at your disposal
disque souple floppy disk
documenté documented
données information, data
donner lieu à to result in
dossier file, document
douanier customs officer
doué gifted
se douter de to suspect
dragonne strap (of camera)
droit law
faire drôle to be funny
dû à because of
DUT (diplôme universitaire de technologie)
   Polytechnic diploma

E
échéance due date, deadline
éclater en sanglots to burst into tears
écomonie economics
écoute sound
écran screen
par écrit in writing
effectuer to make, to carry out
s'effectuer to be carried out
efficacité efficiency
élevé high
élu elected
emballage packaging
emballer to wrap
embarcadère loading bay (goods out)

embrouiller to mix up
émis issued
s'emparer de to grab
empêcher to prevent
employé de bureau office worker
employés staff
emprunter to borrow
en-tête letter head
endommagée damaged
s'engager à to be committed to
ennuis problems
ensoleillé sunny
entourage entourage, people nearby
entraîner to cause
entrepôt warehouse
entreprise firm, company
entretenir to maintain
entrevue meeting
envahissant overwhelming
envoi dispatch
époustouflant breathtaking
épouvantable dreadful
épuisé out of print, exhausted
ère era
en espèces in cash
espionnage industriel industrial espionage
étage floor
étalage display, stall
état financier financial declaration
étiquette label
étranger foreign
à l'étranger abroad
être tenu de to be obliged to
étude study, research
étude de marché market research
éventail fan
éventuel possible
éventuellement possibly
éviter to avoid
en exclusivité exclusively
dans l'exercice de ses fonctions in the course of his/her duty
exigible payable
expédier to dispatch
expédition dispatch
exportation export
(préparer un) exposé (to prepare a) paper
exposition exhibition

F
fabricant de produits alimentaires food manufacturer
fabricant de voitures car manufacturer
fabriquer to make
se fâcher to get across
faciliter to facilitate
facturation invoicing
facture invoice
facturer to invoice
en faillite bankrupt
faire confiance à to trust

faire des manières to put on airs
faire exprès de to do something intentionally
faisant l'objet de being the reason for (a letter)
falsifier to forge
famille de produits range of products
faré tahitien Tahitian feast
fêlé cracked
fendu split
ferroviaire railway (adjective)
feux traffic lights
fiche index card
filiale subsidiary (company)
financement financing
fin de séries end of range
fonction position, title
fondre to melt
prix forfaitaire set price
formation training
formule d'interpellation form of address
formule de politesse form of signature
fournisseur supplier
fournitures supplies, stationery
fourré stuffed
fourrure fur
foyer foyer, hall
frais d'envoi postage
franchise franchise
franchissage franchising
francophone French-speaking
fraude fraud
freinage breaking
frigorie unit of coldness
au fur et à mesure progressively, little by little

G
gamme range
garantie guarantee
garce bitch
gérable manageable
gestion management
grâce à thanks to
graphisme graphic design
gratuit free
grève strike
grille grid
en gros wholesale
grosseur size

H
habillement clothing
en hauteur in height
héberger to house, to lodge
hériter to inherit
horaire timetable
hormis except for
horrifié horrified
dans la huitaine in the week

I
illimité unlimited

illisible illegible
image de marque brand image
impressionnant impressive
imprimante printer (computer)
imprimante matricielle dot-matrix printer
impureté impurity
inclus included
indicatif code
inépuisable inexhaustible
informatique information technology
infraction infringement
inscrire to write down
installations de forage drilling rig
intégrer to integrate
intéressant well-paid, interesting
interrupteur switch
invité guest

J
jante wheel rim
jour férié bank holiday

K
kilométrage distance in kilometres

L
laisser à désirer to leave to be desired
laisser en panne/tomber to drop, to let down
lame blade
lettre minuscule lower-case letter
lexique wordlist
licence BA or BSc
lien link
lier à related to, connected with
être lié à to depend on, to be related to
livrer to deliver
local commercial commercial offices/location
locataire tenant, lessee
logement accommodation
loin far
loisir leisure, pastime
louer to rent
loueur lessor

M
machin thing
machine à écrire typewriter
machine de traitement de texte word processor
magasinier warehouseman
maison d'édition publishing house
maison de haute couture fashion house
maîtrise MA or MSc
malin cunning
manquer to miss
marchandise goods
marché market
marge margin
matière première raw material
mauvais wrong
mélanger to mix up

menace threat
menacer to threaten
mensuel monthly
sans merci merciless
mettre à jour to up-date
mettre au point to put in order/shape
mettre en œuvre to start, to set up, to boot up (computer)
mettre en valeur to show to advantage
se mettre d'accord to reach agreement
modifier to modify
montant amount
monter à la tête to go to the head
monter en série to put into series production
mosquée mosque
moyens (de survie) means (of survival)
muscade nutmeg

N
natation swimming
niveau level
du nouveau something new
novateur innovative
nuisible harmful, noxious
numérotation numbering

O
(nous nous verrons) dans l'obligeance de we would be obliged to
obturateur shutter
ordinateur computer
ordures rubbish
organe de stockage memory (computer)
orienter to orientate
osier wicker
outil tool

P
paie payroll, salary
palabre talk, discussion
Palais de Justice Law Courts
palmier palm tree
pancarte notice
papier à en-tête headed notepaper
(une chose) pareille such (a thing)
parfois sometimes
participation aux frais d'envoi postage and packing
partie part
faire parvenir to send to
passage piétons pedestrian crossing
pâteux doughy
payer à la commande to pay on order
payer à la réception to pay on receipt
payer à vue to pay at sight
perforé perforated
performant effective, efficient
permis driving licence
perspective d'avenir prospects
pièce d'identité form of identification
pièces jointes enclosures

piège trap
planning schedule
plat flat
pli letter
poëlon pan
poids lourd lorry, truck
poignée handle
pointure size (for shoes)
poissonneux full of fish (river, sea)
pont bridge
porte à porte door-to-door
porteur bearer
poste telephone, extension
poste mobile cordless phone
préciser to indicate, to fill in
précision detail
prendre en charge to take in hand
prendre sur le fait to catch red-handed
prendre un rendez-vous to make an appointment
prendre un verre to have a drink
prescrit given, stated
Président-Directeur-Général Managing Director
prêt immobilier mortgage
preuve proof
prévoir to foresee
prière de please
prise de ligne phone socket
en prise sur in touch with
privilégier to favour
prix unitaire unit price
produits chimiques chemicals
propos words, remarks
menus propos small talk, gossip
propriété property
protecteur/trice protector/tress
PTT (Postes, Télégraphe et Télécommunications) Post Office
pub (publicité) advertisement, advertising

Q
quartier area (of city)
quoi que ce soit anything, whatever

R
raccrocher to hang up
rançon ransom
rappel re-dial
rappeler to call back
se rappeler to remember
rapport annuel annual report
rapport mensuel monthly report
par rapport à compared with
rayonnement radiation
réaliser to make, to produce, to realize
réceptionnaire goods-in clerk, commissionaire
réchaud gas ring
recherche research
réclamation complaint
récolte crop
récupérer to take back, to repossess

redoutable formidable
réédition new edition
réfléchir to think about, to reflect on
refroidir to cool, to refrigerate
réglable adjustable
réglage adjustment
règlement payment
régler to adjust, to pay
régler les frais to pay the expenses
régler son compte to pay off one's account
rejet gazeux waste gas
relations extérieures public relations
relevé statement
remboursement refund
remerciement thank you
remercier to thank
remettre à to put back
remise discount
remplacement substitute
rémunération salary, fee
se rendre à to go to
se rendre compte de to realize
renforcer to reinforce
renouveler to renew
se renseigner to enquire, to research
rentabilité profitability
renvoyer to sack
répandre to expand, to spread
répertoire alphabetical list, index
répondeur automatique answering machine
repousser to put back, to delay
réseau network
réseau téléphonique telephone network
sous réserve de on condition that, subject to
résoudre to solve
restauration catering
restituer to return, to give back
résumer to summarize, to sum up
retard delay
par retour de courrier by return of post
réunion meeting
se réunir to meet in conference
révéler to reveal
revêtement surface (of road)
rez-de-chaussée ground floor
RFA (République Fédérale Allemande) West Germany
roder to run in (a car)
rognon kidney
rondpoint roundabout
roue d'impression daisy wheel
roue motrice powered wheel
rubrique section (of a publication)

S
salarié member of staff
schématiquement diagramatically
sécher to dry
sectoriel per sector
au sein de amongst, in the midst of

sensationnel sensational
sensiblement noticeably
service de renseignements inquiries
service des ventes sales department
service du personnel personnel department
service informatisé automated services
siècle century
siège social registered office
signaler to inform
société mère parent company
avec soin with care
solde balance on an account
soldes sales
sommet summit
sonnerie bell
sonore loud, sounding
dans le souci de taking care of
soulagement relief
soupçonner to suspect
spirale chauffante heated coil
spot spotlight
rester stable to remain stable
standard switchboard
sténo-dactylo shorthand-typist
stock stock
style d'écriture type face
succursale branch
superette small supermarket
supplément supplement
surface area (of building)
surprendre to take by surprise
surveiller to watch
survie survival
syndicat d'initiative tourist office
synthétique synthetic

T
taille size
se taire to shut up
tardif late
tarif price list
à tarif réduit discount price
tarif préférentiel price concession
taux d'échange exchange rate
télématique telecommunications technology
téléphone arabe chinese whispers
témoigner to witness
se terminer to end
terrain plot of land
territoire territory
en tête ahead
tiers third party
timbre stamp
tirer de to make (something) from (something else)
tisserand weaver
tissu fabric
à titre d'information for your information
toile d'araignée cobweb
tomber en panne to break down
tordu bent

touche key, button
touche de contrôle control key
touche de fonction function key
traduction translation
traîneau sledge
traitement de texte word processing
traiter to process
trajectoire trajectory, track
transfert de communication call transfer
transmettre to transmit, to pass on
travaux works
tribunal law court
se tromper de numéro to dial a wrong number
truc thing
tuyaux pipe

U
ultérieurement later
une (d'un journal) front page (of a newspaper)
unité centrale central processing unit
unité monétaire currency
unité de production manufacturing unit
usine factory
ustensile de cuisine kitchen utensil
utilisation use

V
valable valid
ça te vaudrait ta place you would lose your job
vannier basket-maker
ventilation analysis (accountancy)
verdoyant verdant
vérification checking of something
vérifier to check
véritable real, genuine
vérouillage central central locking
voiture de location rental car
à haute voix aloud
voleur crook, thief
volontairement voluntarily
voyage d'études research trip
voyage d'affaires business trip
voyage de noces honeymoon

Z
zingage galvanization